HITLERS ENDE IM FÜHRERBUNKER

SVEN FELIX KELLERHOFF

HITLERS ENDE IM FÜHRERBUNKER

BAU, NUTZUNG UND ÜBERRESTE

BERLIN STORY VERLAG

IMPRESSUM

Kellerhoff, Sven Felix:
Hitlers Ende im Führerbunker – Bau, Nutzung und Überreste
5. Auflage
Berlin Story 2024
ISBN 978-3-95723-134-5

Schöneberger Straße 23A, Leuschnerdamm 7, 10963 Berlin
DE184231066
AG Berlin (Charlottenburg) HRB 61146 B
www.BerlinStory.de
Service@BerlinStory.de

WWW.BERLINSTORY.DE

INHALT

Vorwort 6

DAS DRAMA **12**
Ankunft in der Kriegswirklichkeit 13
Angriff auf das Regierungsviertel 22
Leben in der Bunkerhöhle 31
Speers angebliches Attentat 39
Vor dem Sturm 44
Hoffen auf die Wende 50
Letzte Entscheidungen 55
Das Finale 60

DIE BÜHNE **68**
Entscheidung für Berlin 69
Der erste Führerbunker 75
Weitere Bunker im Regierungsviertel 84
Der zweite Führerbunker 91
Beweissicherung 105
Doppelt gescheiterte Zerstörung 116
Eine Aufgabe für die Stasi 121
Spurenbeseitigung 130

DER MYTHOS **134**
Faszination Führerbunker 135
Bewegte Bilder 139
Das Areal in Zukunft 148

ANHANG **152**
Bildnachweis 152
Quellen- und Literaturverzeichnis 153
Anmerkungen 160
Luftbilder 164
Animationen 167

VORWORT

Es ist ein Ort zum Gruseln – auch wenn man nichts sieht. Eigentlich ist es nur ein Privatparkplatz, abgesperrt mit einer Schranke, mitten in Berlin. Trotzdem versammeln sich in der Tourismussaison täglich Dutzende Gruppen hier, oft aus englischsprachigen Ländern. Denn knapp acht Meter unter dem Parkplatz, etwa dort, wo man einschlagen muss, um in die dritte Parkbucht an seiner Südseite zu fahren, befinden sich die Reste jenes Raumes, in dem sich Adolf Hitler am Nachmittag des 30. April 1945 eine Kugel in den Kopf schoss, nachdem er wahrscheinlich auf eine Giftkapsel gebissen hatte. Erhalten sind von dem kaum zehn Quadratmeter großen Zimmer nur die Bodenplatte und die Teile der äußeren, vier Meter starken Wand; darauf liegen unzählige Tonnen Schutt und Erde. Genau hier endete mit dem Freitod des »Führers« jener Krieg, der Europa und die Welt stärker verwüstete als wohl jeder Konflikt zuvor, der wegen seiner Gräuel und Verbrechen bis heute fortwirkt und – ja, auch: fasziniert.

Ein Zufall der Geschichte will es, dass vis-à-vis das Denkmal für die ermordeten Juden Europas errichtet worden ist, besser bekannt als Holocaust-Mahnmal, 2711 leicht schiefe Betonstelen auf gewelltem Grund. Die Wahl des Standortes hatte nichts zu tun mit der Nähe zu Hitlers Todesort. Das Grundstück an der Ebertstraße befand sich, als Teil der früheren Ministergärten und von 1961 bis 1989 als Todesstreifen, in Staatsbesitz, als Bundeskanzler Helmut Kohl 1993 in einer einsamen Entscheidung den Bau einer nationalen Erinnerungsstätte für die größte Opfergruppe des nationalsozialistischen Rassenwahns in Berlins Mitte initiierte – um den öffentlichen Protest gegen die zum offiziellen Mahnort umgestaltete Neue Wache Unter den Linden zu dämpfen, die ihm ein persönliches Anliegen gewesen war. Von Beginn an bewegte das Projekt Holocaust-Mahnmal die deutsche und internationale Öffentlichkeit, doch während der jahrelangen leidenschaftlichen Debatten über Sinn und Gestalt zweifelte am vorgesehenen Standort fast niemand. Der einstige Führerbunker war im gesellschaftlichen Bewusstsein nicht präsent, und auch nicht, was davon überhaupt noch existierte.

Erst um die Wende vom 20. zum 21. Jahrhundert änderte sich das. Zunehmend häufig suchten nun zumeist ausländische,

oft angloamerikanische Berlin-Besucher den Ort, an dem mit Adolf Hitlers Leben auch der unendlich mörderische Irrweg des Nationalsozialismus sein Ende gefunden hatte. Sehr direkt erlebte Wieland Giebel von der Fachbuchhandlung Berlin Story Unter den Linden diese Zunahme des Interesses – einfach, weil seine Mitarbeiter und er immer öfter gefragt wurden, wo denn der Führerbunker genau gelegen habe und ob es nicht ein Buch dazu gäbe? Eine befriedigende Antwort freilich konnte Giebel nicht geben. Zwar hatten die Autoren Anton Joachimsthaler und Ulrich Völklein die Bücher »Hitlers Ende« und »Hitlers Tod. Die letzten Tage im Führerbunker« vorgelegt. Doch beide Bände konnten nicht wirklich überzeugen, weil sie zu unkritisch mit Zeitzeugenberichten umgingen und wesentliche Aspekte schlicht ausklammerten. In dieser Situation sprach Wieland Giebel mich 2002 an und bat mich, ein handliches Buch speziell zu Hitlers letztem Unterschlupf einschließlich seiner Vor- und Nachgeschichte zu verfassen. Im Herbst 2003 erschien »Mythos Führerbunker« als drittes Buch aus meiner Feder.

Moderat überarbeitet und veränderten optischen Gewohnheiten der Leser angepasst hat der Berlin Story Verlag diesen Titel seither lieferbar gehalten, auch in englischer und italienischer Sprache. Die Aktualisierungen waren nicht nötig, weil neue Erkenntnisse über den Bunker bekannt geworden wären; meine Recherchen von 2002/2003 unter anderem im Bundesarchiv und in der Stasiunterlagen-Behörde erwiesen sich als zutreffend und weitgehend komplett. Jedoch hatte sich das Interesse der Öffentlichkeit verändert, nämlich verstärkt. Im Herbst 2004 bewegte Oliver Hirschbiegels Spielfilm »Der Untergang« nach dem gleichnamigen Buch des Hitler-Biografen Joachim Fest

^ *Unter dem per Schranke verschlossenen Parkplatz hinter dem Haus Wilhelmstraße 92 liegen die Reste des Führerbunkers.*

die Bundesrepublik; fast fünf Millionen Menschen sahen den Film im Kino und sogar 7,2 Millionen schalteten bei der Erstausstrahlung in der ARD den Fernseher ein. In »Der Untergang« war der Führerbunker die wichtigste Kulisse, und auch im großen zeitgeschichtlichen Dokudrama »Speer und Er« von Heinrich Breloer, dem zentralen Beitrag des öffentlich-rechtlichen Fernsehens zum 60. Jahrestag des Kriegsendes 1945, spielten die nachgebauten Räume eine große Rolle. Beide Filme gingen in die erste Neuausgabe meines Buches 2006 ein.

In den Jahren seither hat sich Berlins Gedenklandschaft verändert. So informiert inzwischen eine überaus präzise Tafel des verdienstvollen Vereins Berliner Unterwelten Touristen an dem Parkplatz über den Resten des Führerbunkers über den Ort und seine Geschichte. Das Holocaust-Mahnmal erwies sich als echter Publikumsmagnet, einschließlich des unterirdischen Ortes der Information, ohne den das Stelenfeld wohl für alles stehen könnte. Doch auch in der weiteren Umgebung änderte sich seit der Neuausgabe 2006 Einiges. Inzwischen steht am Nordrand des Holocaust-Mahnmals die neue US-Botschaft in Deutschland; ihre Mitarbeiter haben von den oberen Stockwerken des Südflügels einen freien Blick bis zum Ort des einstigen Führerbunkers. Seit 2010 ist endlich auch der Neubau der Stiftung Topographie des Terrors zugänglich, die mit dem Areal der ehemaligen Zentrale von SS-Apparat und Gestapo den wohl wichtigsten Täterort in Berlins Innenstadt dokumentiert. Das Gezerre um dieses für Deutschland wichtige Zeitgeschichtsmuseum dauerte noch länger als jenes um das Holocaust-Mahnmal. Zwischen Holocaust-Mahnmal und Topographie des Terrors ist so etwas wie die Geschichtsmeile Berlins entstanden, die zwischen Ostern und Altweibersommer jedes Jahr Millionen deutsche und ausländische Besucher anzieht. Ein nennenswertes Nachlassen dieses Zustroms ist gegenwärtig erfreulicherweise nicht abzusehen.

Das wachsende Interesse gerade auch bei jüngeren Menschen zeigte sich im Überraschungserfolg der Buchsaison 2012/13, einer »galligen Politsatire«, so die Wochenzeitung *Die Zeit*, mit dem Titel »Er ist wieder da«. Innerhalb von gut einem halben Jahr wurden mehr als 700.000 deutschsprachige Exemplare des Erstlings von Timur Vermes verkauft, dazu 300.000 Hörbücher. Der Roman wurde zudem in 27 Sprachen übersetzt und verfilmt. Vermes ließ Hitler nicht am 30. April 1945 mitten in den Endkämpfen um die Reichshauptstadt Selbstmord begehen, sondern einen Zeitsprung ins Berlin des Jahres 2011 absolvieren. In der völlig anderen Umgebung der weltoffenen, weitgehend reparierten Stadt der Gegenwart wirkte der teilweise durchaus treffend beschriebene Diktator wie eine Satire seiner selbst. Mit zeithistorischer Forschung hatte das zwar nichts, mit seriöser Aufklärung wenig zu tun. Dennoch wäre es falsch, den Erfolg von »Er ist wieder da« als Banalisierung abzutun. Das Buch ist gewiss Klamauk, aber wenigstens einige der vielen Leser werden dadurch verstehen, wie verabscheuungswürdig Hitlers hasserfüllte Weltanschauung war.

An der Konjunktur der jüngeren deutschen Vergangenheit änderte sich auch 2015 wenig. Am 8. Mai jährte sich das Ende des Zweiten Weltkriegs in Europa zum 70. Mal. Trotz der dramatischen Entwicklungen in der Ukraine, die einen Krieg auch in Ostmitteleuropa, an den Grenzen zu Polen und dem Baltikum, wieder vorstellbar werden ließ, gedachte der Kontinent des Endes von Hitlers Krieg friedlich. Er war der fürchterlichste Konflikt der Weltgeschichte, mit den höchsten Verlusten an Menschenleben und den grausamsten Eskalationen auch abseits der Schlachtfelder. Dass Russland, das ohne Zweifel 1941 bis 1944 die schwersten Schäden aller kriegführenden Staaten erlitt, die Lehren dieses mörderischen Kampfes nach gut zwei Generationen verdrängen und wieder eine rücksichtslos imperialistische Politik betreiben würde, hätte sich noch vor wenigen Jahren wohl kaum jemand vorstellen können. Das zeigt jedoch nicht, dass Lernen aus der Vergangenheit unmöglich wäre, sondern im Gegenteil, wie nötig die Erinnerung ist, um die Wiederholung von folgenreichen Fehlern zu vermeiden.

Zum 70. Jahrestag von Hitlers Selbstmord legten Autor und Verlag das erfolgreiche, bereits mehrfach nachgedruckte Buch »Mythos Führerbunker« in einer vollständig überarbeiteten Neuausgabe vor, mit dem neuen Titel »Hitlers Ende. Der Untergang im Führerbunker«. Abermals war der Grund für die Neugestaltung nicht, dass irgendetwas Nennenswertes am bisherigen Text hätte korrigiert werden müssen. Zwar hatte der Künstler und Computerexperte Christoph Neubauer bei seinen beeindruckenden digitalen Rekonstruktionen des Berliner Regierungsviertels der Nazizeit einschließlich des Führerbunkers viele bautechnisch relevante Details dokumentiert, die in den seinerzeit für die Erstausgabe gesichteten Akten so nicht zu finden gewesen waren; sie flossen selbstverständlich in den überarbeiteten Text ein. Neubauer stellte freundlicherweise einige Standbilder seiner Animationen als Illustrationen zur Verfügung. Besser kann man den verlorenen Ort Führerbunker gar nicht visualisieren.

Doch wichtiger bei der Entscheidung für eine vollständige Überarbeitung war, dass die Geschichte von Hitlers letztem Unterschlupf dank der Filme »Der Untergang« und »Speer und Er«, einiger guter TV-Dokumentationen und natürlich auch der früheren Ausgaben dieses Buches heute viel bekannter ist als vor zwölf Jahren. Deshalb konnten sich Verlag und Autor verständigen, nicht nur den Titel, sondern auch die Struktur des Buches zu verändern: Seit der Ausgabe 2015 stehen an erster Stelle die Ereignisse zwischen der Rückkehr des Diktators in seine Regierungszentrale und seinem Selbstmord, unter dem Titel »Das Drama«. Der zweite Teil behandelt den Bau und die Ausstattung des Führerbunkers, gewissermaßen die Kulisse, die Hitler für seinen Abgang aus der Welt gewählt hatte. Entsprechend heißt dieses Kapitel »Die Bühne«. Der dritte Teil beschäftigt sich mit dem Fortwirken dieses ungewöhnlichen Bauwerkes seit 1945 – sowohl in materieller Hinsicht, also von der Entdeckung durch sowjetische Sanitätssoldatinnen bis zur weitgehenden Enttrümmerung Ende der 1980er-Jahre. Damit aber war seine Geschichte nicht vorüber, denn in Filmen und Büchern, in Gerüchten und Verschwörungstheorien lebt der Bunker fort. Entsprechend heißt der dritte Abschnitt »Der Mythos« und greift damit den Gesamttitel der früheren Ausgaben auf.

Selbstverständlich sind die seit der Erstausgabe 2003 und den Nachauflagen erschienenen Bücher der letzten, inzwischen ausnahmslos verstorbenen Augenzeugen des Bunkers eingeflossen. Insbesondere Hitlers Telefonist Rochus Misch, der 2003 bei der Präsentation der Erstausgabe von »Mythos Führerbunker« anwesend war, erwies sich jedoch nicht als zuverlässiger Zeuge. Eher als substanziell dürfen die Memoiren von Bernd Freytag von Loringhoven gelten, die aber auch nur unwesentlich über seine Aussagen in verschiedenen Verhören unmittelbar nach dem Zweiten Weltkrieg hinausgingen. Dennoch habe ich sie selbstverständlich eingearbeitet.

Nach zwei Jahren wird jetzt wieder eine Neuauflage veranstaltet. Sie hat abermals einen neuen Titel bekommen, weil der

Hauptgegenstand des Buches, der Führerbunker, in der Wahrnehmung des Publikums zu sehr in den Hintergrund gerückt war. Außerdem hat sich 2016/17 eine weitere wichtige Änderung ergeben. Wieland Giebel und Enno Lenze haben nämlich ihre Dokumentation »Hitler – Wie konnte es geschehen« im ehemaligen Reichsbahnbunker am früheren Anhalter Bahnhof eröffnet. Diese mit 2500 Quadratmetern Ausstellungsfläche größte zeitgeschichtliche Dokumentation in Deutschland behandelt auf mehr als 330 Tafeln mit rund 2300 Fotos die Gesamtgeschichte des Dritten Reiches einschließlich der Biografie des Parteichefs. Aber ebenso betrachtet werden die Mitglieder der NSDAP, ohne deren Engagement Hitler niemals auch nur in die Nähe der Macht über Deutschland gekommen wäre. Diese rein privat finanzierte und betriebene Ausstellung, die auch nur annähernd vergleichbar kein staatliches Museum in Deutschland je zustande gebracht hat, gipfelt in mehreren Räumen zum Führerbunker. Nahezu alle bekannten Fotos von Hitlers letztem Unterschlupf sind hier zu sehen, außerdem ein detailliertes Modell und als Nachbau der Arbeitsraum des Diktators im Führerbunker. Im Maßstab 1:1 wird die bedrängende Enge deutlich, in denen der einstige Herrscher über große Teile Europas seine letzten Tage verbrachte – und die dennoch üppig war im Vergleich zu dem halben oder Drittel Quadratmeter, auf dem viele Berliner in völlig überfüllten Bunkern die letzten Tage des Zweiten Weltkriegs erdulden mussten. Diese Ausstellung wird trotz ihres Umfanges hervorragend vom Publikum angenommen.

Zu den größten Aktivposten der Bundeshauptstadt heute gehören, Umfragen unter Touristen zufolge, die Schattenseiten ihrer vielfach gebrochenen Geschichte. Nationalsozialismus und DDR stehen dabei weitgehend gleichberechtigt nebeneinander. Manche Fremdenverkehrsmanager beklagen das, doch dazu besteht kein Anlass. Denn jeder Besucher, der sich mit Themen wie dem Zweiten Weltkrieg und dem Holocaust beschäftigt, der vielleicht auch den Ort des einstigen Führerbunkers aufsucht und sich gruselt, beschäftigt sich mit der Vergangenheit. Weil aber weiterhin die Einsicht des römischen Rhetorikers Cicero gilt, dass die Geschichte die Lehrmeisterin des Lebens sei, ist daran nichts Schlechtes.

Berlin, 20. September 2017
Sven Felix Kellerhoff

12

DAS DRAMA

ANKUNFT IN DER KRIEGSWIRKLICHKEIT

Kalt war es in der Reichshauptstadt am 16. Januar 1945. Ohne irgendwelches Aufsehen rollte am Morgen dieses Dienstags der Sonderzug von Adolf Hitler zum letzten Mal in Berlin ein. Da tagsüber alliierte Flugzeuge routinemäßig und nahezu unbehindert Jagd machten auf Züge in Deutschland, hatte die knapp 450 Kilometer lange Fahrt bei Dunkelheit stattfinden müssen. Ausgangspunkt war das Führerhauptquartier »Adlerhorst« in Südhessen gewesen, von dem aus der »Oberste Kriegsherr« des Dritten Reiches seit Mitte Dezember 1944 die Ardennenoffensive kommandiert hatte, die nach vier Wochen aber endgültig gescheitert war. Die letzten Reserven der Wehrmacht waren in dem strategisch völlig falsch konzipierten Angriff auf die zahlenmäßig und materiell schier grenzenlos überlegene US-Army aufgerieben worden. Jetzt stand das nationalsozialistische Deutschland vor dem militärischen Offenbarungseid.

Das Ziel des Sonderzuges war der Bahnhof Grunewald. Von der fast idyllisch, nämlich relativ schwer einsehbar inmitten von Wälder gelegenen Station aus waren seit 1941 zahlreiche Deportationszüge Richtung Osten abgefahren, um Berliner Juden in die Ghettos oder Vernichtungslager zu bringen. Am 16. Januar 1945 aber diente der Bahnhof dem geheimen Wechsel Hitlers in eine Wagenkolonne; auf weiter innerstädtisch gelegenen Stationen, sofern sie überhaupt noch hätten angefahren werden können, wäre das nicht möglich gewesen, ohne dass die Berliner von der Ankunft des Diktators erfahren hätten. Während des

< *Im März 1945 zeichnet Adolf Hitler im Garten der Reichskanzlei Hitler-Jungen für ihren Kampfeinsatz aus.*

Krieges war immer nur in Ausnahmefällen bekannt geworden, wo sich der Diktator gerade aufhielt; Mitteilungen kamen stets aus dem nicht näher bezeichneten Führerhauptquartier. Hitler ließ sich unauffällig zum großen Komplex der Reichskanzlei an der Wilhelmstraße Ecke Voßstraße fahren.

In der Regierungszentrale herrschte »reges Treiben«, erinnerte sich Hitlers persönlicher Chauffeur Erich Kempka: »Niemand war auf unser Kommen vorbereitet. Der Entschluss Adolf Hitlers muss sehr plötzlich und gegen den Willen Bormanns und seines Stabes gefasst worden sein.«[1] Tatsächlich hatte der Diktator kurzfristig entschieden, nach Berlin zu kommen. Am 15. Januar 1945 notierte Hitlers Sekretär Martin Bormann: »Wegen des Großangriffs im Osten nachmittags 16.30 Uhr Abfahrt des Führerzuges nach Berlin.« Der mächtige Organisator selbst, der gerade in Berchtesgaden die Vorbereitungen für Hitlers eigentlich geplantes Eintreffen überwachte, musste »auf dem Obersalzberg warten«, wie er in derselben Notiz festhielt, und konnte erst drei Tage später in die Reichshauptstadt aufbrechen.[2]

Begleitet wurde Hitler auf dem Weg nach Berlin von seiner Entourage. Dazu zählten sein Kammerdiener Heinz Linge, sein persönlicher SS-Diener Otto Günsche, sein Chefadjutant Julius Schaub und seine vier Privatsekretärinnen Johanna Wolf, Gerda Christian, Christa Schroeder und Traudl Junge. Außerdem kam mit dem Sonderzug weiteres Personal nach Berlin, etwa der Chauffeur Erich Kempka, die Diätköchin Constanze

^ *Martin Bormann (li.) regelte für Hitler alle Partei-, Heinz Linge (re.) nahezu alle privaten Angelegenheiten.*

Manziarly, die Leibwache des Reichssicherheitsdienstes und mehrere Männer des Führerbegleitkommandos, darunter der SS-Mann und Telefonist Rochus Misch. Doch für alle diese Menschen interessierte sich Hitler kaum. Seine persönliche Aufmerksamkeit galt ausschließlich seiner Schäferhündin Blondi. Sie war der dritte Hund in Hitlers Leben, nach dem weißen Terrier Foxl, der ihm im Ersten Weltkrieg hinter der Front in Nordostfrankreich zugelaufen war, und dem schwarzen Schäferhund-Rüden Muck.[3]

Als dieser gestorben war, kaufte sich Hitler zunächst keinen neuen Hund, was aber rasch zu einer Verschlechterung seiner Stimmung führte – auch und gerade gegenüber den Mitgliedern seiner engeren Umgebung. Deshalb ergriffen mehrere Männer des Führerbegleitkommandos die Initiative und »organisierten« einen anderen Schäferhund mit nationalsozialistisch einwandfreiem Lebenslauf: Aus dem Wurf einer Hündin von Gerdy Troost, der Witwe von Hitlers erstem Leibarchitekten Paul Troost, holten sie einen Welpen mit sehr hellem Fell ins Führerhauptquartier. Hitler verliebte sich sofort in den Hund, der optisch das Gegenteil von Muck war. Joseph Goebbels diktierte seinem Sekretär: »Gott sei Dank erfreut sich der Führer einer ausgezeichneten Gesundheit. Er ist bei bester Laune und

^ *Eva Braun mit ihrem Terrier Negus und Adolf Hitler mit seiner Schäferhündin Blondi, aufgenommen auf dem Berghof.*

strahlt Energie und Vitalität aus. Er hat sich einen jungen Schäferhund angeschafft, mit Namen Blondi, dem sein ganzes Herz gehört. Es ist direkt rührend, als er mir erzählt, er gehe deshalb so gern mit diesem Hund spazieren, weil er bei ihm allein die Gewissheit habe, dass er nicht anfangen werde, vom Kriege oder von der Politik zu sprechen.« Goebbels machte sich Sorgen um seinen bewunderten Chef: »Man kann immer und immer wieder feststellen, dass der Führer nach und nach anfängt einsam zu werden. Sein Spiel mit diesem jungen Schäferhund ist geradezu rührend. Das Tier hat sich so an ihn gewöhnt, dass es ohne ihn fast keinen Schritt mehr macht. Es ist sehr schön, den Führer mit seinem Hund zu beobachten. Dieser Hund ist im Augenblick das einzige Lebewesen, das ständig um ihn ist. Es schläft nachts vor seinem Bett, es wird im Sonderzug in seine Schlafkabine hineingelassen und genießt dem Führer gegenüber eine ganze Reihe von Vorrechten, die sich ein Mensch niemals herausnehmen dürfte und könnte.«[4]

Ähnlich erlebte es Traudl Junge: »Hitler hatte das größte Vergnügen, wenn Blondi wieder ein paar Zentimeter höher springen konnte«, erinnerte sich die Privatsekretärin: »Er behauptete, die Beschäftigung mit seinem Hund sei seine beste Entspannung.«[5] Widerwillig hatte sich Hitler mit der Schäferhündin auch für die Kameras der Wochenschau präsentiert; Goebbels hielt einmal fest: »Ich erzähle dem Führer auch, einen wie tiefen Eindruck im deutschen Volke die Aufnahme in der Wochenschau gemacht habe, wo der Führer mit seinem Hund ganz privat erscheint. Der Führer sieht ein, dass es hin und wieder nötig ist, ihn auch von dieser Seite dem Volke zu zeigen. Das Volk hat einfach einen Anspruch darauf; eine falsche Zurückhaltung ist da vollkommen fehl am Platz.«[6]

Als Blondi mit Hitler in Berlin ankam, war sie läufig. Wenige Tage später, vermutlich Anfang Februar, war die Schäferhündin trächtig. Trotzdem wich sie Hitler selten von der Seite. Der Diktator bekam wohl vom bevorstehenden Nachwuchs nicht viel mit – jedenfalls sind keine Hinweise darauf erhalten, dass im Frühjahr 1945 ein Veterinär in die Reichskanzlei bestellt worden wäre; Blondi brauchte aber als gesundes Muttertier auch keine Hilfe. Zwar waren die schon seit Jahren nur kurzen täglichen Spaziergänge mit ihrem Herrchen kaum genügend Bewegung für den Hund, doch die Männer vom Führerbegleitkommando verbrachten gern ihre Freizeit mit ihr und hielten sie auf Trab. Dafür war der Garten der Reichskanzlei groß genug.

Ob Hitler wohl ahnte, dass er seinen Regierungssitz nur noch ein einziges Mal verlassen sollte, für eine Tagesreise in die Nähe der Front an die Oder? War er sich der eigentlich unübersehbaren Tatsache bewusst, dass sein Krieg nach mehr als fünf mörderischen Jahren dem Ende entgegenging? In Gesprächen mit seiner engsten Umgebung jedenfalls klammerte sich der »Führer« weiter an die Vorstellung, eine entscheidende Wende im Kampfgeschehen stehe bevor, obwohl die propagandistisch so sehr bejubelten V-Waffen die versprochene »Vergeltung« ebenso wenig gebracht wie den Durchhaltewillen der Anti-Hitler-Koalition erschüttert hatten. Trotzdem sagte Hitler beispielsweise über die schweren Luftangriffen der Royal Air Force und der US Army Air Forces gegen deutsche Städte: »Der Spuk wird in einigen Wochen schlagartig aufhören. Unsere neuen Flugzeuge kommen jetzt in Serien heraus, und dann werden sich die Alliierten überlegen, das Reichsgebiet zu überfliegen.«[7]

Möglicherweise glaubte Hitler tatsächlich, die unter die Erde verlegten Fabriken würden bald massenhaft Düsenjäger ausliefern – doch in Wirklichkeit war kaum eines dieser Werke schon produktionsfähig, die meisten Standorte sogar noch im Stadium des Rohbaus oder gar nur der Erkundung. Ebenso illusorisch war seine Überzeugung, der Bruch zwischen den Briten und Amerikanern einerseits sowie der Sowjetunion andererseits stehe unmittelbar bevor. Dabei handelte es sich um nicht mehr als Selbstbetrug: Vier Tage zuvor, am 12. Januar 1945, hatte die Rote Armee in enger Abstimmung mit den USA und Großbritannien ihre Winteroffensive eröffnet, und schon nach wenigen Stunden war die deutsche Front an vielen Stellen durchstoßen worden. In Ostpreußen hatte daraufhin eine große Flucht Richtung Westen begonnen. Allerdings improvisiert, weil viele zuständige Offiziere der Wehrmacht und vor allem die NSDAP-Funktionäre vor Ort monatelang jeden Gedanken an vorsorgliche Vorbereitung auf obersten Befehl als Defätismus bekämpft hatten. Hunderttausende Menschen waren deshalb am Tag von Hitlers Rückkehr nach Berlin mitten im tiefsten Winter nur mit dem Allernötigsten auf Straßen und Feldwegen gen Westen unterwegs.

Längst hatten die neuen, schlechten Nachrichten von der Ostfront trotz strikt gelenkter Zeitungen und Radiosender auch die Reichshauptstadt erreicht: Gerüchte ließen sich nicht aufhalten. Viele Berliner verstanden Mitte Januar 1945 auch, dass ihre Stadt bald zum Schlachtfeld von Bodentruppen werden könnte. Gleichzeitig strömten Tag für Tag zehntausende Menschen nach Berlin hinein: Kinder und Evakuierte aus bis vor kurzem noch als »sicher« geltenden Gebieten wie Pommern, dem »Warthegau« oder Oberschlesien, die sich ebenfalls auf den Rückweg gemacht hatten, solange das noch mit halbwegs planmäßig fahrenden Zügen möglich war. Die zehnjährige Barbara Graff etwa, die mit ihrer Mutter vor den Luftangriffen nach Klastawe am Ostrand der Mark Brandenburg geflüchtet war. »Vorbei war es mit Pantinenschule und ländlicher Beschaulichkeit. Hier in Berlin tobte das Leben oder besser Tod und Krieg«, erinnerte sie sich: »Tag und Nacht wurden Bombenangriffe geflogen, der Himmel war tagsüber stickig und rauchig, nachts blutrot von den unsäglichen Brandbomben. Unser Leben spielte sich nun im Luftschutzkeller ab. War dann mal die Luft für zwei oder drei Stunden rein, griff mich meine Mutter, um ein Geschäft zu suchen und etwas Essbares zu ergattern.«[8]

Die allermeisten Berliner sehnten das Ende der Kämpfe herbei – nicht allerdings den Einmarsch der Russen. »Viele sagen: Kriegsende, ja sofort, aber wenn die Bolschewisten kommen, was dann?«, notierte der 26-jährige Kurt Wafner.[9] Spitzel der Wehrmacht, die in Berlin Stimmungen registrierten und zu beeinflussen versuchten, berichteten wenige Tage nach Beginn der sowjetischen Winteroffensive an ihre Vorgesetzten: »Allgemein wurde die Befürchtung ausgesprochen, dass den Russen doch das oberschlesische Industriegebiet in die Hände fallen könnte, womit der Krieg für Deutschland praktisch verloren sei.« Die Bewohner der Reichshauptstadt wussten genug von den Verbrechen der vergangenen Jahre, um existenzielle Angst vor der Zukunft zu spüren. Ganz offen redeten Berlinerinnen in der Straßenbahn darüber, dass »wir schon genügend Schuld auf uns geladen haben durch die Juden- und Polenbehandlung, die man uns noch heimzahlen« werde.[10]

Das alles interessierte Hitler nicht. Dass seine Regierungszentrale bereits schwer vom Luftkrieg gezeichnet war, konnte er aber schwerlich übersehen: Viele Fenster des mehrteiligen

Riesenbaus waren vom Druck unzähliger Bombenexplosionen geborsten, der Ehrenhof sowie die Marmorgalerie des mächtigen Erweiterungsgebäudes entlang der Voßstraße mit zusammengeschobenen Trümmern übersät. Auch die übrigen Teile des Komplexes waren beschädigt. So konnte der 1935/36 zusammen mit dem Festsaal im Garten hinter dem Reichskanzlerpalais errichtete Wintergarten nicht mehr benutzt werden, ebenso wenig das Musikzimmer und das sogenannte Raucherzimmer im Barockbau Wilhelmstraße 77. Dessen rechter, nördlicher Flügel aber hatte die bisherigen Bombardements nahezu unbeschadet überstanden – wenn man von dem Putz absah, der von den ehrwürdigen Decken rieselte. Mitte Januar 1945 konnte der Bau nach einigen notdürftigen Renovierungen als bewohnbar gelten. Deshalb nahm Hitler hier Quartier; nur noch selten hielt er sich in den Räumen in der Neuen Reichskanzlei auf, die kaum mehr zu beheizen waren. Die Nächte allerdings verbrachte er wohl schon bald im Bunker; jedenfalls hielt Joseph Goebbels fest: »An seiner Unterkunft in der Reichskanzlei reizt den Führer vor allem die Möglichkeit, dass er hier endlich einmal im Bunker in Ruhe schlafen kann.«[11]

Zu den ersten Besuchern, die Hitler nach seiner Rückkehr nach Berlin empfing, gehörte Albert Speer. Als Rüstungsminister war der einstige Leibarchitekt des »Führers« neben und auf gleicher Ebene mit SS-Chef Heinrich Himmler, Propagandaminister Joseph Goebbels und dem NSDAP-Organisator Martin Bormann einer der mächtigsten Männer des Dritten Reiches. Offenbar sagte Speer bei diesem Treffen nicht die Wahrheit über die aussichtslosen Bemühungen der Rüstungsindustrie, die er natürlich genau kannte. Jedenfalls diktierte Goebbels, den der Minister nach seinem Termin in der Reichskanzlei traf, seinem Sekretär in der Nacht zum 18. Januar 1945: »Etwas später kommt Speer, der gerade mit dem Führer gesprochen hat. Der Führer ist entschlossen, die Krise so schnell wie möglich zu bereinigen. Allerdings werden wir noch einige Tage warten müssen, bis Gegenmaßnahmen zum Zuge kommen, und es erhebt sich nun die bange Frage, ob das noch rechtzeitig geschieht.« Hitler sei »natürlich über die Entwicklung außerordentlich traurig und ungehalten«.[12] Dazu passte, dass er inzwischen sogar über ausgesprochen geschmacklose

Witze lachen konnte, etwa über einen Spruch, den seine Sekretärin Traudl Junge überlieferte: »Jemand erklärte, Berlin sei sehr praktisch als Hauptquartier, man könne bald mit der S-Bahn von der Ostfront zur Westfront fahren.«[13]

Speer war inzwischen der einzige Mann aus der näheren Umgebung des Diktators, der abseits solcher Bemerkungen noch ein wahres Wort wagen konnte. Er betonte die entscheidende Bedeutung des oberschlesischen Industriereviers, ohne das die Wehrmacht technisch und materiell nicht mehr in der Lage sein würde, den Krieg mit einer Aussicht auf Erfolg weiterzuführen. Sogar Goebbels, der fanatischer denn je an den »Führer« glaubte und seine täglichen Diktate, früher Materialsammlungen für kommende Reden und Leitartikel, längst zur Propaganda seiner selbst umfunktioniert hatte, fiel auf, dass der Rüstungsminister mutlos geworden sei. Angesichts der militärischen Lage war das noch untertrieben, denn die dramatisch schlechte Nachschublage war mit Händen zu greifen.

Obwohl die wichtigsten Aufenthaltsorte von Goebbels alle in Sichtweite der Reichskanzlei lagen, seine Dienstvilla in den Ministergärten südlich des Brandenburger Tors, sein Ministerbüro genau gegenüber der einst repräsentativen, jetzt schwer beschädigten Einfahrt zur Regierungszentrale und sein Bunker als Berliner NSDAP-Gauleiter unter dem Wilhelmplatz, bestellte Hitler ihn noch nicht zu sich. Also erkundigte sich Goebbels bei der Entourage des Diktators nach dessen Befinden. Botschafter Walter Hewel, offiziell Verbindungsmann des Auswärtigen Amtes bei Hitler, zugleich aber »alter Kämpfer« der NSDAP, berichtete dem Propagandaminister: »Der Führer hat ja in der Tat nur wenige Menschen um sich, die wirkliches Format besitzen. Man kann deshalb verstehen, dass er sich mehr und mehr abschließt. Eigentlich beschäftigt er sich in der Hauptsache nur mit militärischen Dingen. Es ist schade, dass er von außen her nur in geringem Umfang noch Anregungen erhält. Er ist seit dem 20. Juli skeptisch und argwöhnisch geworden. Er ist ja da auch von Menschen betrogen und hintergangen worden, denen man das nie zugetraut hätte. Auf wen soll der Führer nun noch mit Ausnahme von seinen alten Kameraden sein Vertrauen setzen!«[14]

Schon zwei Tage später fühlte sich Goebbels, obwohl er Hitler immer noch nicht getroffen hatte, wieder viel besser. Seinem

Sekretär diktierte er: »Der Führer steht der Entwicklung ruhig und gelassen gegenüber. Er ist souveräner Herr seiner Entschlüsse, und an der Sicherheit seiner Maßnahmen ist nicht das Geringste auszusetzen. In solchen Augenblicken bewährt sich der blinde Glaube des Führers an seinen guten Stern, der ihn ja auch noch niemals auf lange Sicht gesehen getrogen hat.«[15] Was den Stimmungsumschwung beim Diktator ausgelöst hatte, verriet Goebbels nicht – vielleicht gab es ihn auch gar nicht, sondern der falsche Eindruck war nur eine Folge von Erzählungen unterschiedlicher Gewährsleute aus Hitlers Umgebung. Abermals zwei Tage später kam es endlich zu der Begegnung, auf die Goebbels ungeduldig gewartet hatte: »Abends habe ich dann eine Besprechung mit dem Führer. Ich sehe ihn zum ersten Mal nach meinem Besuch im Hauptquartier im Westen wieder und finde ihn in überraschender Frische und Gesundheit. Es ist erstaunlich, wie eine Krise auf den Führer wirkt: Sie macht ihn nicht müde, sondern elastisch und widerstandsfähig. Auch diesmal strahlt er eine ungeheure Sicherheit und Glaubenskraft aus. Er ist bei höchster Aktivität und arbeitet jede Nacht bis in den frühen Morgen. Wie er mir erzählt, ist er fest davon überzeugt, dass es ihm gelingen wird, die gegenwärtigen katastrophalen Schwierigkeiten an der Ostfront zu meistern.«[16] Lange sprachen die beiden über die militärische Lage – und der Propagandami-

^ *Die komplette Goebbels-Familie, einschließlich Stiefsohn Harald Quandt. Es handelt sich um eine Fotomontage.*

nister verließ die Reichskanzlei der objektiv katastrophalen Lage zum Trotz mit neuer Zuversicht.

Für irgendwelchen Optimismus gab es allerdings keinen Grund. Denn während sich Hitler und seine Entourage Mitte Januar 1945 in der Reichskanzlei wieder einrichteten und die allermeisten Berliner versuchten, ihre Angst vor den absehbar bevorstehenden Straßenkämpfen zu bezwingen, um ihr Leben weiterleben zu können, bereitete die Anti-Hitler-Koalition einen neuen schweren Schlag vor. Obwohl die für die Angreifer verlustreichen Attacken während der Luftschlacht um Berlin 1943/44 die Erwartungen nicht erfüllt hatten, glaubte der Chef des britischen Bomber Commands Arthur Harris weiter, mit einer Serie gewaltiger Luftangriffe auf die Reichshauptstadt Hitler-Deutschland zur bedingungslosen Kapitulation zwingen zu können. Wiederholt war er auf die Idee zurückgekommen, dass »die Zeit kommen kann in nicht allzu ferner Zukunft, zu der ein bisher unvorstellbarer Angriff auf die deutsche Moral beschlossen« werden sollte.[17] Für diesen Fall müsse sich die RAF vorbereiten. Harris schlug vor, bei sieben Einsätzen aller strategischen britischen und US-Bombergeschwader innerhalb von vier Nächten und drei Tagen insgesamt rund 20.000 Tonnen Bomben auf Berlin abzuwerfen. Doch die USA wiesen diesen Plan zurück: Man wolle nicht Wohngebiete in deutschen Städten einäschern, sondern strategische Ziele zerstören, befand General Carl Spaatz, der Kommandeur der US-Bomber in Europa. Harris sah das anders: Am 18. Januar 1945 legte er seinem Vorgesetzten Sir Charles Portal eine neue Zielliste

mit deutschen Städten vor, die er in den kommenden Wochen bombardieren wollte; darauf stand neben Magdeburg, Leipzig, Dresden, Breslau und dem von der Roten Armee eingekesselten Posen ausdrücklich der »Rest von Berlin«.[18]

Doch die Idee eines Großangriffs auf das Regierungsviertel leuchtete schließlich auch Spaatz ein, denn es konnte durchaus als strategisches Ziel in seinem Sinne gelten. Hinzu kam: Die knapp 400 Hektar der Innenstadt zwischen Spree im Norden und Landwehrkanal im Süden, Tiergarten im Westen und Alexanderplatz im Osten bildeten bei Tageslicht und aufgelockerter Bewölkung ein leicht zu treffendes Ziel, denn mit dem runden Belle-Alliance-Platz gab es einen unverkennbaren Orientierungspunkt. In der Umgebung dieses Platz massierten sich strategisch bedeutsame und deshalb zerstörungswürdige Ziele: die Gleisanlagen des Potsdamer und des Anhalter Bahnhofs, die Ministerien entlang der Wilhelmstraße, das Zeitungsviertel zwischen Leipziger und Kochstraße sowie die kleineren Industriebetriebe, die beiderseits der Ritterstraße Spezialteile für die Rüstungswirtschaft produzierten. Kriegsrechtlich waren all das legitime Ziele – jedoch lebten und arbeiteten in diesem Gebiet auch über zweihunderttausend Menschen.

Trotzdem hoben am 3. Februar 1945, einem kalten Samstag, morgens zwischen sieben und acht Uhr deutscher Zeit von US-Basen im Süden Englands rund 1000 »Fliegende Festungen« ab, dazu 600 Jagdflugzeuge als Geleitschutz, und nahmen

^ *Ein US-Bomber vom Typ B-17 beim Angriff auf Berlin am 3. Februar 1945. Rauch erschwert das Anpeilen des Zielgebiets.*

Kurs auf Magdeburg. Schon um 10.27 Uhr gab die Jägerleitstelle Berlin Voralarm. Zwölf Minuten später war klar, dass der riesige Pulk von Flugzeugen tatsächlich die Metropole ansteuerte und nicht die bereits schwer getroffene Stadt an der Elbe attackieren würde. Nun heulten in Berlin die Sirenen. Über drei Millionen Menschen strebten in die Schutzräume und hofften, dass es sie abermals nicht treffen würde, wie bei hunderten Luftalarmen zuvor. Die ersten Bomber schwenkten um 10.52 Uhr östlich von Zerbst auf ihren Zielkurs zum Regierungsviertel ein. Die Maschinen hatten insgesamt über 2000 Tonnen Bomben an Bord, überwiegend Sprengkörper – das Ziel war nicht, einen Feuersturm in der Innenstadt zu entfachen, sondern Gebäude und Verkehrsanlagen zu zerstören.

Um 11.02 Uhr begannen die schlimmsten 50 Minuten in der Geschichte Berlins. Die 14-jährige Eva Reichel war zusammen mit ihrer Mutter, ihrem sechsjährigen Bruder und dem über alle Probleme hinüber geretteten Neufundländer Diego in den Keller ihres Hauses in der Kreuzberger Wassertorstraße 35 geeilt. Wie so oft saßen sie eng beieinander und warteten auf die Entwarnung. Das sonore Geräusch der Flugzeuge wurde lauter, dann kam das Zischen und Pfeifen der Bomben hinzu. »Wir saßen in gebückter Haltung. Und dann dieses Krachen, dieser Knall. Das elektrische Licht fiel aus. Der Staub war unbeschreiblich. Kaum, dass man sein Gegenüber sehen konnte. Wir blieben ganz still. Von draußen kam ein Geräusch, als würde eine Wasserleitung laufen. Das Prasseln und Lodern der Flammen. Man war wie gelähmt und wusste nicht, was zu tun war.« Plötzlich hörte Eva Rufe von außen: Die Insassen des getroffenen Kellers sollten herauskommen. Doch Schutt versperrte den Weg. Mit bloßen Händen schafften die Menschen Stein für Stein zur Seite und drangen vor bis zur Tür des Schutzraumes. Dort erwartete sie der nächste Schreck: Die Treppe war weg. Über die Trümmer krochen Eva Reichel und die anderen auf allen Vieren aus dem Keller heraus. Mit Mühe beruhigte das Mädchen ihren panischen Hund. Als sie oben angekommen war, traute sie ihren Augen kaum: »Es war dunkle Nacht, kein Sonnenschein, kein blauer Himmel. Dachstühle brannten. Die Wassertorstraße war ein Kratermeer, aus dem Flammen loderten – meine asphaltierte Straße, auf der

ich so gut hatte Rollschuh laufen können. Es war windig, es roch nach Brand, wir hatten Mühe zu atmen.«[19]

Zur Luftschutzwache eingeteilt war an diesem Samstagvormittag der zwölfjährige Otto Leonhardt. Er sollte die Stellung halten in einem Schulgebäude an der Stallschreiberstraße. Seine Aufgabe: unmittelbar nach dem Überflug der feindlichen Flugzeuge den Luftschutzkeller verlassen, nach Bränden suchen und sie löschen. Dafür stand Sand bereit, denn die Flammen der Thermitbomben ließen sich mit Wasser meist nicht ersticken. Kurz vor elf Uhr wurden die Stahltüren zum Luftschutzraum geschlossen. »Wir hofften, dass es keine Gruft für uns werden wird. Obwohl im Keller Schippen und Picken an der Wand hingen, glaubten wir nicht, dass wir uns selbst frei buddeln könnten.« Dann spürte Otto das unheimliche Brummen der Bomber. »Wir hörten es bis in den Keller. Wir hörten die Bomben nicht fallen, aber dafür die Detonationen in der Ferne. Die Flieger waren wohl direkt über uns. Wir spürten ein Vibrieren im Fußboden. Es mussten furchtbare Kaliber sein, die sie über unseren Köpfen ausklinkten.« Die Flak feuerte nicht, das Brummen des abfliegenden Bomberpulks wurde leiser, eine gespenstische Stille breitete sich aus, die aber gleich überging in das Brummen der nächsten Angriffswelle. Dann hing plötzlich ein Rauschen in der Luft, das rasch in ein Poltern überging: eine Luftmine, die einzige Bombe, die man wahrnehmen konnte, bevor sie in unmittelbarer Nähe explo-

^ *Die Innenstadt steht in Flammen – und trotzdem werden weitere Sprengbomben abgeworfen.*

dierte: »Blitzschnell steckten wir uns die Finger in die Ohren, rissen den Mund weit auf und krümmten uns zusammen. Der Kopf berührte die Knie. Es ist die Embryonalhaltung, und sie sollte ein bisschen Schutz gegen den starken Luftdruck geben, wenn es überhaupt einen gibt. Dann eine gewaltige Detonation. Die Erde bebte, das Schulgebäude wankte in seinen Grundfesten.« Otto Leonhardt fühlte, wie er hochgehoben und gegen eine Frau geschleudert wurde, die gegenüber saß. »Es war dunkel, und ich muss wohl kurzzeitig weggetreten sein.«[20] Mit Glück überlebte der Junge.

»Die Apokalypse hat Einzug in Berlin gehalten«, notierte der Journalist und Mitarbeiter des Auswärtigen Amtes Hans-Georg von Studnitz. Dabei erlebte er den Angriff geschützt im Tiefbunker unter dem Pariser Platz, der durch einen Gang mit dem Keller des Hotels Adlon verbunden war. »Unter den schweren Einschlägen zitterte und schwankte der Bunker wie ein gewöhnlicher Hauskeller. Schließlich erlosch die Beleuchtung, und man wähnte sich lebendig begraben.« Abermals hatte das letzte noch geöffnete Luxushotel der Reichshauptstadt Glück: Es überstand den Angriff fast unbeschädigt, auch der Ausgang des Bunkers blieb passierbar. Studnitz trat auf die Straße und sah, dass über der ganzen Innenstadt riesige Rauchwolken hingen: »Hell wurde es an diesem Wintersamstag nicht mehr, stattdessen herrschten blutiges Rot und fahles Gelb.«[21]

Mit erzwungener Nüchternheit verzeichnete die Berliner Hauptluftschutzstelle die Folgen des Angriffs. Über den Bezirk Mitte hieß es in ihrem Bericht: »Fast in seiner gesamten Ausdehnung schwer getroffen. Die durch besonders dichte Bombenteppiche betroffenen Gebiete erstrecken sich von der Südwestecke des Bezirks (Gegend Potsdamer Platz – Leipziger Platz – Hermann-Göring-Straße) in breiter Front nach Nordosten über die Gegend Bahnhof Alexanderplatz hinweg mit Ausläufern nach Nordwesten (Gegend Stettiner Bahnhof) und Südosten (Gegend Köpenicker Straße, Melchiorstraße).« Allein in Mitte zählten die Magistratsbeamten 506 Tote und rund 25.000 Obdachlose. Noch mehr Menschen hatten in Kreuzberg ihre Bliebe verloren, etwa 33.000; hier gab es etwa 190 registrierte Tote.

Schlimmer als bei allen früheren Bombardements war Ber-

lins Infrastruktur getroffen worden. »Der Angriff hat in der Innenstadt zahllose Gleis- und Oberleitungsschäden verursacht und dadurch den Straßenbahnverkehr in diesem Gebiet stillgelegt.« Zwar lief die Instandsetzung mit höchstem Tempo an, doch sie wurde »durch die zahlreichen Bombentrichter und Trümmermassen in den Straßen der Innenstadt sehr erschwert«. Mindestens 30 »schwere Tunnel- und Viaduktschäden« wurden am U-Bahnnetz in der Innenstadt gezählt, außerdem waren das Gasleitungs- und das Wassernetz massiv getroffen.[22] Zwei wichtige Umspannwerke in der Mauer- und der Rathausstraße waren zerstört, die Gegend zwischen Alexanderplatz und Jannowitzbrücke konnte deshalb ebenso wenig mit Strom versorgt werden wie das Exportviertel um die Ritterstraße und die Umgebung des U-Bahnhofes Hallesches Tor. Vergleichbare Schäden hatte eine einzelne Attacke auf Berlin noch nie verursacht, aber ein alles verzehrender Feuersturm war ausgeblieben. »Der schwerste Angriff auf die Innenstadt, den es je gegeben hat. Dass eine Steigerung überhaupt noch möglich war, hätte ich nicht gedacht«, notierte die Journalistin und Hitler-Gegnerin Ursula von Kardorff fassungslos: »Warum stellt sich niemand auf die Straße und schreit ›Genug, genug‹, warum wird niemand irrsinnig? Warum gibt es keine Revolution?«[23]

Die Antwort auf diese rhetorische Frage war einfach: Die

^ *In der Oranienstraße in Kreuzberg sind die Folgen zu sehen: Trümmer, geplatzte Wasserleitungen, ausgebrannte Bahnen.*

Einwohner der Reichshauptstadt waren ausschließlich mit Überleben beschäftigt. Spitzel der Wehrmacht berichteten: »Die Stimmung der Berliner ist – im großen Durchschnitt gesehen – zumal nach dem Terrorangriff vom 3. Februar 1945 ernst und bedrückt. Man möchte den Glauben und die Hoffnung an einen guten Ausgang des Krieges bewahren, findet aber verstandesmäßig vielfach keine Gründe mehr hierfür.« Stattdessen werde »viel geredet und diskutiert und Zweifler und Pessimisten, die früher nur zu tuscheln wagten, sagen heute ihre Meinung in der Öffentlichkeit vielfach ganz unverhohlen«. Immer neue Gerüchte kamen auf, zum Beispiel, dass die Waffen-SS um Berlin einen Sperrriegel gezogen habe, um alle Einwohner am Verlassen der Stadt zu hindern. Die Reichsregierung sei bereits nach Bayreuth verlegt, Gauleiter Goebbels befinde sich auf dem Weg in die Schweiz.[24]

Sogar Hitler und seine unmittelbare Umgebung hatten das Verhängnis dieses Angriffs am eigenen Leib gespürt. Martin Bormann notierte nüchtern: »Vormittags schwerer Angriff auf Berlin – Neue Reichskanzlei, Führerwohnung (Eingangshalle, Speisesaal, Wintergarten), Parteikanzlei.«[25] 58 schwere Sprengbomben schlugen allein auf dem Gelände der Reichskanzlei ein.[26] Goebbels versuchte umgehend, sich einen politischen Reim auf den Angriff zu machen: »Es steht jetzt fest,

^ *Tausende Häuser hat der Angriff in Ruinen verwandelt. Ganze Straßenzüge sind unbenutzbar.*

dass der amerikanische Luftangriff auf die Reichshauptstadt der schwerste bisherige war und Churchills und Roosevelts Geschenk für Stalin auf der Dreierkonferenz darstellt. Die Westmächte suchen damit den Sowjets zu imponieren, da sie im Augenblick, wie es scheint, nicht in der Lage sind, auch im Westen die Offensive zu ergreifen und damit ihre militärischen Handlungen mit denen der Bolschewisten zu koordinieren.« Mehr als Wunschdenken war das freilich nicht; auf dem Gipfel der Großen Drei in Jalta standen schon längst Themen der Nachkriegsordnung auf der Tagesordnung – die Niederwerfung Hitler-Deutschlands war inzwischen Sache der militärischen Kommandoebene, nicht mehr der politischen Führung. Zwar war Goebbels realistisch genug, die Schäden wahrzunehmen, doch redete er sie ganz wie in seinen inzwischen üblichen Propagandabotschaften an das deutsche Volk klein: »Wenn auch der Luftangriff auf Berlin sehr massiv gewesen ist und wir alle Hände voll zu tun haben, um mit den gröbsten Schwierigkeiten fertig zu werden, so stellt er doch keinen militärischen Beitrag zur gegenwärtigen Kriegsentwicklung dar. Die Westseite irrt sehr, wenn sie glaubt, sie habe mit diesem Angriff unser gesamtes Verkehrs- und Nachrichtennetz zerschlagen. Sicherlich sind wir gezwungen gewesen und noch gezwungen, eine ganze Reihe von Transporten an die Ostfront um Berlin herum zu leiten. Das ist aber nicht ausschlaggebend. Ausschlaggebend vielmehr ist, dass diese Transporte sicher ihr Ziel erreichen, und das ist bisher der Fall gewesen und wird auch weiterhin der Fall sein.«[27]

In Wirklichkeit fielen auch in der Regierungszentrale Wasser- und Stromversorgung aus, selbst das Telefon und die Heizung funktionierten tagelang gar nicht mehr. Am 6. Februar klagte Bormann in einem Brief an seine Frau: »Wir leben hier bescheiden und risikoreich.« Die meisten Bewohner der Innenstadt jedoch wären wohl froh über seine Probleme gewesen: »Wir sitzen noch immer in kalten Räumen und unglücklicherweise ist kein Bad zu bekommen.«[28] Für die Oberste Führung wurde, den chaotischen Zuständen zum Trotz, schnell gearbeitet; binnen weniger Tage taten Technik und sanitäre Einrichtungen der Reichskanzlei wieder ihren Dienst, während sehr viele Berliner für mehrere Wochen ohne Strom, ohne fließendes Wasser und ohne ein Dach über dem Kopf auskommen mussten. Während eines weiteren Großangriffs, am 26. Februar, schrieb der Chef der Parteikanzlei: »Jetzt habe ich gerade gehört, dass drei weitere Formationen feindlicher Bomber sich Berlin nähern. Die Radioberichte haben aufgehört, aber hier und da können wir in der Ferne dröhnende Explosionen hören. Ich frage mich, wie Berlin aussehen wird, wenn ich es das nächste Mal sehe.«[29]

Solche Gedanken beschäftigte den »Führer« inzwischen offensichtlich nicht mehr. Ende Februar oder Anfang März 1945 verlegte Adolf Hitler sein Quartier endgültig von der Führerwohnung im Nordflügel des Barockpalais Wilhelmstraße 77 in den Bunker im Garten hinter dem schwer beschädigten Festsaal. Nur noch manchmal und dann für kurze Zeit wagte der Diktator es fortan, seine Höhle aus Beton zu verlassen.

LEBEN IN DER BUNKERHÖHLE

Schon seit seiner Jugend hatte sich Hitlers Tagesablauf stets von dem der meisten Menschen radikal unterschieden: Meist ging er, als selbsternannter Student in Wien ebenso wie Jahrzehnte später als »Führer und Reichskanzler«, erst in den Morgenstunden zu Bett und stand am späten Vormittag auf. Über den Alltag in den ersten Wochen des dauerhaften Lebens im Berliner Führerbunker berichtete Hitlers Privatsekretärin Christa Schroeder: »Oft begann die letzte Lagebesprechung erst nach Mitternacht und dauerte zwei bis drei Stunden. Dann gab es in Hitlers Wohnzimmer den üblichen Tee und immer flachere Gespräche. Hitler spielte oft mit den Hunden. Dann verabschiedete er sich, um sich zurückzuziehen, was in letzter Zeit gewöhnlich gegen fünf oder sechs Uhr in der Früh der Fall war. Viel Zeit zum Schlafen blieb nicht, da es regelmäßig gegen elf Uhr Fliegeralarm gab. Hitler blieb nicht liegen. Er stand auf und zog sich an, da er befürchtete, dass durch eine schräg fallende Bombe einmal die Seitenwand des Bunkers getroffen und aufgerissen werden könnte. Nach dem Alarm, der meist bis zum Mittagessen um 14 Uhr dauerte, berief Hitler die Nachmittagslage ein, und das Abendessen fand gewöhnlich gegen 21 oder 22 Uhr statt.«[30]

Die Lagebesprechungen im Bunker waren bedrückend. Vor allem natürlich wegen der immer schlechteren Lage an allen Fronten, aber auch wegen der Enge und Düsterkeit des Bunkers. Besonders der Kontrast zu den meist großzügigen Räumen in anderen Führerhauptquartieren und in Hitlers Alpenresidenz Berghof fiel auf. So berichtete Bernd Freytag von

^ *Eines von nur zwei bekannten Fotos aus dem Führerbunker vor dem 30. April 1945. Es zeigt neben einigen SS-Männern links in Zivil und halb von hinten Hitlers Leibarzt Theodor Morell. Dritter von rechts ist Konteradmiral Karl-Jesko von Puttkamer und ganz rechts steht Peter Högl vom Reichssicherheitsdienst.*

Loringhoven, Adjutant von Generaloberst Heinz Guderian, des Generalstabschef des Heeres: »Während der letzten Wochen wurden die Lagebesprechungen unten im Führerbunker in einem sehr, sehr kleinen Raum abgehalten, da bei Luftangriffen oft nicht genügend Zeit war, um mit all den Karten usw. in den Bunker herunterzugehen. Deswegen wurden die Lagebesprechungen dann nur noch im Bunker abgehalten. Die Menschen, die täglich zur Besprechung der militärischen Lage kamen, trafen sich dort in dem sehr kleinen Lageraum. Darin waren eine Wandbank, zwei oder drei Stühle und ein kleiner Tisch, auf dem zwei Lampen standen und auf dem die Karten ausgebreitet wurden. Alle Leute standen um diesen Tisch herum, wo Hitler in einem Stuhl saß. Auf den Stühlen konnten die älteren Militärs, die an den täglichen Lagebesprechungen teilnahmen, für einige Zeit sitzen, weil die Lagebesprechungen oft Stunden dauerten. Alle anderen mussten stehen, und das war eine furchtbare Angelegenheit in diesem kleinen Raum. Man war zusammengequetscht.«[31] Gerhard Boldt, Ordonnanzoffizier bei Guderian, schilderte seinen ersten Besuch im Führerbunker im Kern ähnlich: »Langsam biegen wir von der Hermann-Göring-Straße aus in den schmalen Weg zum Führerbunker ein.

^ *Hitler begrüßt Generaloberst Ferdinand Schörner, den er noch am 5. April 1945 zum Generalfeldmarschall befördert und in seinem Testament zum Oberbefehlshaber des Heeres. Ob das Foto im Führerbunker oder vielleicht doch im Führerhauptquartier Adlerhorst in Hessen aufgenommen wurde, ist umstritten.*

Die Sicherungen sind nachts verdoppelt. An jeder Ecke stehen Posten mit Maschinenpistolen und Handgranaten. In der Dunkelheit sind die Kontrollen noch schärfer als bei Tage. Ein Posten bringt uns vom Parkplatz an den Eingang des Bunkers und liefert uns bei der dortigen Wache ab. Kein Schritt bleibt unbewacht. Dann geht es schier ungezählte Stufen hinab. Kalte, ungeputzte Betonwände. [...] Nachdem wir etwa eine halbe Stunde gewartet haben, erscheinen Hitler, Bormann und Kaltenbrunner. Nach kurzer Begrüßung gehen wir in den Lageraum, wo Hitler Guderian sofort um die ›Ostlage‹, den Vortrag über die militärische Lage im Osten, bittet. Der kleine Raum, in dem die Besprechung stattfindet, misst nur etwa fünf Meter im Quadrat, seine Wände sind grau gestrichen, keine Bilder. Das Mobiliar besteht aus einer grauen Wandbank, einem Kartentisch und einem Schreibtischstuhl.«[32] Traudl Junge, zwar nicht Teilnehmerin an den Lagebesprechungen, aber in der Enge des Bunkers oft zwangsläufig deren Augenzeugin, erinnerte sich: »Neben Hitlers Schlafzimmer war noch ein kleiner Raum, der als Konferenz-, Besprechungs- und Lagezimmer benutzt wurde. Es stand nichts weiter drin als ein großer Tisch, eine ringsum laufende Bank und einige Stühle und Hocker.«[33]

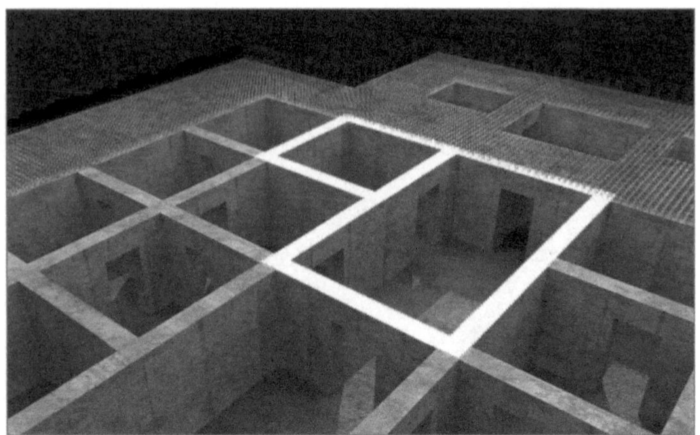

Bei den Lagebesprechungen im Bunker war immer häufiger Ernst Kaltenbrunner anwesend, der Chef des Reichssicherheitshauptamtes, nachdem es mehrfach beinahe zu Konfrontationen mit Generälen gekommen war. Er war die personifizierte Drohung, dass Hitler tatsächliche jede »defätistische Äußerung«, die seine augenscheinlich angeschlagene Autorität untergraben würde, »mit aller Schärfe ahnden« wollte, wie sich Albert Speer erinnerte.[34] Den Anwesenden fielen die gebeugten Schultern, der wie leblos herabhängende linke Arm und das Desinteresse des Führers an der militärischen Lage auf.[35] Offensichtlich unterlag Hitler immer extremeren Gemütsschwankungen. Sie waren stets für ihn typisch gewesen; jetzt traten sie stärker denn je auf.

Seit dem 7. März 1945 wohnte auch Eva Braun dauerhaft im Führerbunker – allerdings außerplanmäßig. Die langjährige »Begleiterin« des Diktators, die in der Öffentlichkeit nie erschien, hatte als »Ehrengast« meist auf dem Berghof gelebt. Nun schlug sie ihr Quartier im Ankleideraum der unterirdischen Zimmerflucht Hitlers auf. Mit direktem Zugang zu seinem privaten Badezimmer, aber durch drei Türen getrennt von seinem Schlafzimmer. Albert Speer gegenüber hatte der Diktator einmal gesagt, er habe nur »zwei Freunde: Fräulein Braun und meinen Hund«.[36]

Mit einem Kurierwaggon war Eva Braun am 6. März 1945 um 20.14 Uhr von München aus nach Berlin aufgebrochen; sie

^ *Die Lage von Besprechungszimmer (links oben) und Warteraum (rechts) mit direktem Zugang zum Gartenausgang (Animation)*

kam zurück in die Stadt, die sie bereits einen Monat zuvor eigentlich gar nicht mehr hatte verlassen wollen.[37] Schon als sie nach Hitlers Rückkehr in die Reichshauptstadt Mitte Januar nach Berlin geeilt war, zog sie eigentlich nichts mehr zurück Richtung Süden. Goebbels diktierte seinem Sekretär am 1. Februar, was Hitler ihm am Ende eines Gespräches über seine Frau Magda mitgeteilt hatte: »Der Führer sagt, dass Fräulein Eva Braun denselben Standpunkt vertrete. Auch sie wolle Berlin nicht verlassen, vor allem in der jetzigen kritischen Stunde nicht. Der Führer findet für sie Worte höchster Anerkennung und Bewunderung. Das verdient sie ja wohl auch.«[38] Am 18. Februar dann schrieb Martin Bormann seiner Frau: »Der Chef hat mir erzählt, dass Eva Braun so schnell wie möglich hierher zurückkehren möchte. Aber im Moment muss sie in München bleiben, ist ihr gesagt worden.«[39] Doch daran hielt sie sich nicht, sondern kehrte Anfang März auf eigene Initiative zurück ins inzwischen hochgefährdete Berlin.

Über die Beziehung zwischen Eva Braun, geboren am 6. Februar 1912 und gestorben als Eva Hitler am 30. April 1945, und Adolf Hitler wurde und wird viel gerätselt. Mit Sicherheit jedenfalls entsprach Hitlers Geschlechtsleben nicht den Erwartungen – anders als die meisten bekannten Tyrannen der Weltgeschichte war er bis unmittelbar vor seinem Selbstmord weder verheiratet noch hielt er sich verschiedene Geliebte. War Hitler etwa schwul? Oder extrem gehemmt gegenüber Frauen? Hatte er vielleicht gar kein Bedürfnis nach körperlicher Intimi-

^ *Hitlers Ankleide- (links) und Arbeitszimmer (rechts) waren nur vom Warteraum aus zugänglich (Animation).*

tät mit einem anderen Menschen, gehörte er also zu den seltenen asexuellen Menschen? Oder war er krank beziehungsweise missgebildet? War sein Geschlecht möglicherweise von dem Granatsplitter, der ihn im Herbst 1916 während der Somme-Schlacht am Oberschenkel getroffen hatte, verletzt worden? Vielleicht pflegte Adolf Hitler aber doch ein ganz normales Liebesleben – nur im Verborgenen?[40]

Im engsten Kreis jedenfalls galt die Münchnerin Eva Braun als seine feste Begleiterin. Doch selbst in der äußerst einschränkten Öffentlichkeit des Berghofes gab es offenbar kaum Berührungen der beiden. Beinahe jedes Bild und jede der wenigen Filmaufnahmen mit den beiden war geprägt von einer spürbaren Distanz, ja Zurückweisung durch Hitler. Eine einzige Aufnahme zeigt Eva Braun, wie sie sich bei ihm offenbar spontan einhakt. Doch auch hier reagierte der Diktator mit einem eher unerfreuten Gesicht, obwohl ausschließlich Mitglieder seines Hofstaates anwesend waren, vor denen Hitler keine Geheimnis hatte; vorspielen jedenfalls musste er ihnen nichts.

Waren schon Hitlers Gefühle für seine inoffizielle »Begleiterin« unklar, so traf das Gleiche auch für die Motive zu, die Eva Braun Anfang März 1945 endgültig zur Übersiedlung nach Berlin brachten. Hitlers Privatsekretärin Christa Schroeder deutete im Rückblick an, der eigentliche Anlass für den Umzug könnte eine tatsächliche oder nur erträumte Beziehung zum SS-General und Massenmörder Hermann Fegelein gewesen

^ *Die letzte von einem Fotografen festgehaltene Lagebesprechung Hitlers beim Besuch an der Oderfront am 3. März 1945.*

sein könnte.[41] Tatsächlich war der Verbindungsoffizier Heinrich Himmlers zum Führerhauptquartier ein ausgesprochen gutaussehender und charmanter Mann, den Eva Braun aktiv mit ihrer Schwester verkuppelte. Tatsächlich ließ ihr Eifer gewisse Vermutungen aufkommen. Allerdings existierte dafür nie ein schlüssiger Beleg, während andere Augenzeugen Christa Schroeders Spekulationen vehement widersprachen.

Albert Speer zum Beispiel, mit Sicherheit der intelligenteste Gast im Führerbunker, nahm von dem angeblichen Beziehungs-

^ *Hitler im ungewohnten zivilen Zweireiher und Eva Braun auf dem Berghof. Der Diktator scheint nur begrenzt glücklich.*

konflikt nichts wahr: »Gegen Mitternacht ließ mich Eva Braun durch einen SS-Diener bitten, in ihren kleinen Bunkerraum zu kommen, der gleichzeitig Schlaf- und Wohnzimmer war. [...] Wir konnten uns in Ruhe unterhalten, denn Hitler hatte sich zurückgezogen. In der Tat war sie die einzige Prominente und Todgeweihte in diesem Bunker, die eine bewundernswerte und überlegene Ruhe zeigte. Während alle anderen, exaltiert heroisch wie Goebbels, auf Rettung bedacht wie Bormann, ausgelöscht wie Hitler oder zusammengebrochen wie Frau Goebbels waren, offenbarte Eva Braun eine fast heitere Gelassenheit. ›Wie wäre es mit einer Flasche Sekt zum Abschied? Und etwas Konfekt. Sie haben sicher schon längere Zeit nichts mehr gegessen.‹ Schon dass sie als einzige, nach vielen Stunden im Bunker, daran dachte, dass ich hungrig sein könnte, fand ich aufmerksam und rührend. Der Diener brachte eine Flasche Moët & Chandon, Kuchen, Konfekt. Wir blieben allein: ›Wissen Sie, es war gut, dass Sie noch einmal kamen. Der Führer hatte angenommen, Sie würden gegen ihn arbeiten. Aber Ihr Besuch hat ihm das Gegenteil bewiesen. Nicht wahr?‹ Ich blieb die Antwort schuldig. ›Übrigens hat ihm gut gefallen, was Sie ihm heute sagten. Er hat sich entschlossen, hier zu bleiben und ich bleibe mit ihm. Und das weitere wissen Sie ja auch. Er wollte mich zurückschicken nach München. Ich habe mich aber geweigert, ich bin gekommen, um hier Schluss zu machen‹.«[42]

Im März 1945 kapselte sich der Diktator noch stärker als bisher von der verheerenden militärischen Wirklichkeit ab. Seit einigen Wochen stand die Rote Armee an der Oder, hatte sogar zwei Brückenköpfe auf ihrem westlichen Ufer erobert, und bereitete sich auf den finalen Sturm Richtung Berlin vor. Nur noch rund 80 Kilometer trennten die sowjetischen Truppen von der Reichskanzlei; im modernen Panzerkrieg eine Entfernung, die in zwei Tagen überwunden werden konnte. Kampfkräftige Truppen standen der Wehrmacht nicht mehr zur Verfügung; die notdürftig in neuen Divisionen zusammengefassten Soldaten zahlreicher zerschlagener Einheiten, ergänzt um ältere »Volkssturm«-Männer und Hitler-Jungen mit unzureichender Bewaffnung, jedenfalls hatten keine Chance gegen drei sowjetischen Armeegruppen, die ausgeruht und mit neuem Material versehen den letzten Angriff unternehmen sollten.

SPEERS ANGEBLICHES ATTENTAT

Diese Situation und Hitlers inzwischen dauerhafter Aufenthalt im Führerbunker waren die Voraussetzung für einen gewagten Plan – jedenfalls, wenn man Albert Speer glaubt. In seinem Bekenntnis- und Hetzbuch »Mein Kampf« hatte Hitler 1924 geschrieben: »Staatsautorität als Selbstzweck kann es nicht geben, da in diesem Fall jede Tyrannei auf dieser Erde unangreifbar und geheiligt wäre. Wenn durch die Hilfsmittel der Regierungsgewalt ein Volkstum dem Untergang entgegengeführt wird, dann ist die Rebellion eines jeden Angehörigen eines solchen Volkes nicht nur Recht, sondern Pflicht.«[43] Als er 1924 die beiden Sätze geschrieben hatte, saß er wegen des gescheiterten Putschversuchs vom November 1923 im Gefängnis in Landsberg am Lech. Unvorstellbar erschien in dieser Situation, dass er selbst einmal die Staatsautorität verkörpern würde.

Das klare Bekenntnis zum Recht, ja zur Pflicht zum Widerstand gegen eine Politik, die das Volk in den Untergang führte, war seit dem Erscheinen des ersten Bandes von »Mein Kampf« im Juli 1925 allein auf Deutsch mehr als zwölf Millionen mal gedruckt worden. Doch wie viele Deutsche das Buch tatsächlich gelesen hatten, blieb unklar. Speer jedenfalls, laut einer Bemerkung eines engen Mitarbeiters »Hitlers unglückliche Liebe«[44], hatte diese Stelle nicht im Kopf, bis ihn einer seiner Berater Anfang Februar 1945 aufsuchte und ihm das Zitat zeigte. Angeblich brachte das den Rüstungsminister ins Grübeln: »Da war von Hitler selbst ausgesprochen, was ich in den letzten Monaten angestrebt hatte. Es blieb nur noch die Schlussfol-

Zum ersten Male in der neueren deutschen Geschichte schied sich der landläufige dynastische Patriotismus von nationaler Vaterlands- und Volksliebe.

Es ist das Verdienst der alldeutschen Bewegung Deutschösterreichs der neunziger Jahre gewesen, in klarer und eindeutiger Weise festgestellt zu haben, daß eine Staatsautorität nur dann das Recht hat, Achtung und Schutz zu verlangen, wenn sie den Belangen eines Volkstums entspricht, mindestens ihm nicht Schaden zufügt.

Staatsautorität als Selbstzweck kann es nicht geben, da in diesem Falle jede Tyrannei auf dieser Welt unangreifbar und geheiligt wäre.

Wenn durch die Hilfsmittel der Regierungsgewalt ein Volkstum dem Untergang entgegengeführt wird, dann ist die Rebellion eines jeden Angehörigen eines solchen Volkes nicht nur Recht, sondern Pflicht.

Die Frage aber, wann ein solcher Fall gegeben sei, wird nicht entschieden durch theoretische Abhandlungen, sondern durch die Gewalt und — den Erfolg.

Da jede Regierungsgewalt selbstverständlich die Pflicht der Erhaltung der Staatsautorität für sich in Anspruch nimmt, mag sie auch noch so schlecht sein und die Belange eines Volkstums tausendmal verraten, so wird der völkische Selbsterhaltungstrieb bei Niederkämpfung einer solchen Macht, zur Erringung der Freiheit oder Unabhängigkeit, dieselben Waffen zu führen haben, mittels deren der Gegner sich zu halten versucht. Der Kampf wird demnach so lange mit „legalen" Mitteln gekämpft werden, solange auch die zu stürzende Gewalt sich solcher bedient; es wird aber auch nicht vor illegalen zurückzuschrecken sein, wenn auch der Unterdrücker solche anwendet.

Im allgemeinen soll aber nie vergessen werden, daß nicht die Erhaltung eines Staates oder gar die einer Regierung höchster Zweck des Daseins der Menschen ist, sondern die Bewahr...
... aber einmal dies... Gefahr

gerung: Hitler übte – selbst an seinem politischen Programm gemessen – bewusst Hochverrat am eigenen Volk, das sich seinen Zielen geopfert hatte und dem er alles verdankte; mehr jedenfalls, als ich Hitler zu danken hatte. In dieser Nacht fasste ich den Entschluss, Hitler zu beseitigen«, schrieb Speer zwei Jahrzehnte später in seinen »Erinnerungen«.[45]

^ *In seinem Buch* Mein Kampf *hat sich Hitler zum Recht, sogar zur Pflicht zum Widerstand gegen Tyrannen bekannt (Ausriss).*

Schon beim Verhör während des Nürnberger Prozesses hatte er berichtet, was weiter (wirklich oder angeblich) geschehen war: »Hitler hatte in dieser Zeit oft nach der militärischen Lage in seinem Bunker Besprechungen mit Ley, Goebbels und Bormann, die ihm damals besonders nahestanden, weil sie seinen Kurs der Radikalität unterstützten und mitmachten. Es war seit dem 20. Juli auch den engsten Mitarbeitern von Hitler nicht mehr möglich, diesen Bunker zu betreten, ohne dass die Taschen, die Aktentasche von der SS auf Sprengstoff untersucht wurden. Ich kannte als Architekt diesen Bunker genau. Er hatte eine Frischluftanlage, ähnlich wie sie hier auch eingebaut ist im Saale. Es war nicht schwer möglich, in die Ansaugöffnung der Frischluftanlage, die im Garten der Reichskanzlei war, das Gas zu bringen. Es musste sich dann in kurzer Zeit im gesamten Raum, im gesamten Bunker verbreiten.«[46] Speer behauptete, sich bei einem engen Mitarbeiter seines Ministeriums, dem Industriellen Dieter Stahl, erkundigt zu haben, wie man das neuentwickelte und hochwirksame Nervengas Tabun besorgen könne, das von der Filteranlage nicht zurückgehalten wurde.[47] Bei dieser Recherche sei aber herausgekommen, dass Tabun-Granaten sich für den vorgesehenen Zweck nicht eigneten, weil sie explodieren mussten, bevor sie ihre tödliche Wirkung entfalteten. Der Luftansaugschacht aber bestand laut Speer aus dünnen Blechen. Also entschied er sich für ein konventionel-

^ *Der Architekt Albert Speer, ab 1942 Rüstungsminister, war vielleicht »Hitlers einziger Freund«.*

les Kampfgas: »Ich hatte daraufhin Besprechungen mit dem Obermonteur der Reichskanzlei, Johannes Hentschel, ab Mitte März 1945, und erreichte durch diese Gespräche, dass der Gasschutzfilter nicht mehr dauernd eingeschaltet war. Damit hätte ich eine normale Gas-Sorte verwenden können. Natürlich hat Hentschel keine Kenntnis davon bekommen, warum ich diese Gespräche mit ihm führte. Als ich soweit war, besichtigte ich mit diesem Hentschel die Ansaugöffnung im Garten der Reichskanzlei und musste dort feststellen, dass kurz vorher auf persönlichen Befehl Hitlers auf diese Ansaugöffnung ein vier Meter hoher Kamin gemauert worden war. Das ist heute noch dort festzustellen. Damit war die Durchführung dieses Plans nicht mehr möglich.«[48]

Allerdings muss offen bleiben, ob Albert Speer das angebliche Gasattentat auf den »Führerbunker« tatsächlich erwogen hatte oder ob es sich um eine nachträgliche Schutzbehauptung handelte. In seinen Vernehmung durch britische und amerikanische Geheimdienstoffiziere im Sommer 1945 jedenfalls hatte er von seinen angeblichen Plänen noch nichts berichtete, obwohl er explizit zu seinem Verhältnis zu Hitler befragt wurde.[49] Für eine Erfindung spricht auch das »inszenatorische Geschick«, mit dem Speer »den schon im Ansatz gescheiterten, womöglich nicht einmal von ihm selbst ganz ernst genommenen Attentatsplan dem Gericht zur Kenntnis brachte«.[50] Speer bat nämlich der Skepsis seines eigenen Anwalts wegen einen anderen Verteidiger, das Thema in einem Zeugenverhör vor dem Militärtribunal unvermittelt anzusprechen – und darauf eine selbstverständlich verneinende Antwort des Zeugen zu bekommen.[51] So kam das Vorhaben zur Kenntnis des Gerichts, ohne dass der Architekt dabei eine aktive Rolle zu spielen schien.

In jedem Fall war Speers Geschichte gut erfunden, denn tatsächlich wurde in diesen Wochen die Belüftung des Führerbunkers geändert. Von einer »Aufmauerung« des Ansaugschachtes ist zwar nichts bekannt. Jedoch wurden am 8. März 1945 als letzte nachgewiesene Lieferung für den Führerbunker 400 Tonnen Zement bestellt, die an der Baustelle Hermann-Göring-Straße abzuliefern waren. Damit sollte offenbar der unmittelbar neben dem Gartenausgang des Bunkers gelegene Frischluftturm fertiggestellt werden; dazu kam es allerdings nicht mehr.

Ob im März 1945 die Versorgung durch niedrige Ansaugstutzen aus Blech mit Metallgittern erfolgte, die an der anderen Seite des Hauptbunkers hin zur Gartenfassade des Festsaals lagen, oder durch einen kleineren Luftansaugschacht aus Beton, ist ungeklärt. Ob der Grund für die tatsächlich erfolgte Änderung Hitlers Angst vor einem Gasanschlag oder vor Betäubungsgas aus sowjetischer Produktion besteht, ist reine Spekulation.

Gegen einen wirklich ernsthaft unternommenen Attentatsversuch spricht schließlich, dass Speer auch nach dem angeblichen Scheitern wiederholt zu Hitler in den Bunker kam. Da diese Gespräche meist unter vier Augen stattfanden, ist unbekannt, worum genau es ging. Als wahrscheinlich darf aber gelten, dass Speer den »Führer« von seinen »Nero«-Befehlen abzubringen versuchte, laut denen alle industriell, kulturell oder sonstwie bedeutsamen Einrichtungen in Deutschland gesprengt werden sollten, damit sie den Siegern nicht in die Hände fielen.[52] Hätte der Rüstungsminister tatsächlich Überzeugungsarbeit bei einem Mann geleistet, den er eigentlich schon mit Gas hatte umbringen wollen? Und warum tötete er den kranken, geschwächten Hitler dann nicht in einem der Gespräche bei geschlossener Tür auf andere Weise, etwa mit direkt verabreichtem Gift?

Mehr als den Hass seiner Mitangeklagten im Hauptkriegsverbrecherprozess, die Albert Speer ohnehin überwiegend verachtete, hatte er durch die Enthüllung seines angeblichen Attentatsplans nicht zu befürchten – aber viel zu gewinnen: Es ging um nichts weniger als die eigene Hinrichtung zu vermeiden. Viel spricht dafür, dass der vermeintlich geplante, aber zweifellos nicht umgesetzte Gasanschlag auf Hitler im März 1945 dem ehemaligen Rüstungsminister, dessen Organisationstalent den Krieg wohl um zwölf Monate oder mehr verlängert hatte, schließlich das Leben retteten.

In seiner Zelle im Nürnberger Kriegsverbrechergefängnis ^ arbeitet Speer 1945 an seiner Verteidigungsstrategie.

Inzwischen waren die Berliner schon erfreut, wenn die Sirenen einen Tag nicht heulten. »Nachts ohne Alarm, seit 14. Februar das erste Mal!«, notierte Hedwig Schob Ende März 1945 in Falkensee bei Spandau.[53] Trotz des permanenten Ausnahmezustandes, in dem sie lebten, versuchten viele Berliner, an Gewohnheiten festzuhalten, soweit das noch ging. Dazu gehörte, dass im Frühling das neue Ausbildungsjahr begann. Der 14-jährige Horst Biesel etwa begann als Dienstanwärter eine Ausbildung beim Bezirksamt Prenzlauer Berg. Doch zu verwalten gab es in der schwer bombardierten Stadt nicht mehr viel – und so wurde Biesel vor allem als Brandwache sowie als Nothelfer für Ausgebombte eingesetzt.

Doch nicht alle Bürokraten hatten die Arbeit eingestellt. Zwar war bei den Angriffen im Februar und März 1945 die Zentrale der Gestapo in der Prinz-Albrecht-Straße schwer beschädigt worden, ebenso wie bereits zuvor die Berliner Stapo-Leitstelle in der Burgstraße. Trotzdem fuhr am 27. März 1945 noch ein Deportationstransport mit 42 Berliner Juden zum Ghetto Theresienstadt ab. Sie kamen aus dem Sammellager in der Pathologie des ehemals jüdischen Krankenhauses in der Iranischen Straße. Hier hatte die Gestapo die verbliebenen Juden der Reichshauptstadt eingesperrt, die nicht als »arisch versippt« galten. Nach der Deportation saßen hier noch etwa 160 von ihnen, außerdem etwa viermal so viele, die zwar in »privilegierter Mischehe« lebten, aber aus verschiedenen Gründen dennoch verhaftet waren. Bei dem aus seinem Beruf verdrängten Rechtsanwalt Bruno Blau hatten die Ärzte des Jü-

dischen Krankenhauses Krebs diagnostiziert, weshalb die Gestapo das Interesse an seiner Deportation verlor – doch dank einer Strahlentherapie überwand Blau den Tumor. Mit den anderen Juden lebte er in der Iranischen Straße auf engstem Raum, ohne jede Möglichkeit sich zu bewegen, und erwartete den Anbruch einer neuen Zeit. Fast alle beschäftigte die gleiche Frage, erinnerte sich Bruno Blau: »Ist das Ende nahe? Wann wird es kommen? Werde ich es erleben?«[54] Außer diesen 800 Juden lebten in der Reichshauptstadt am 31. März 1945 noch etwa 5900 aus verschiedenen Gründen »geschützte« Juden sowie etwa 1700 erfolgreich untergetauchte Verfolgte. Das war nicht einmal ein Zehntel der Ende 1939 gezählten Berliner Juden.

Während die Rote Armee an der Oder in aller Ruhe ihren Vorstoß auf Berlin vorbereitete, drangen im Westen die Briten und Amerikaner fast ungehindert immer tiefer nach Deutschland ein. Fast niemand mehr gab sich in der Reichshauptstadt Illusionen hin. »Die allgemeine Lage wird vor allem im Hinblick auf die Ereignisse im Westen durchweg pessimistisch beurteilt«, mussten selbst die bemüht-optimistischen Spitzel der Wehrmacht berichten: »Unsere Propaganda sei wie die Kapelle auf einem sinkenden Schiff, die noch eifrig spiele.« Bittere Sprüche machten mehr denn je die Runde: Früher habe die Berliner Flak hundert Schuss pro feindlichem

^ *Berlin ist im Frühjahr 1945 sturmreif gebombt. Die Trümmer können nicht mehr von den Straßen geräumt werden.*

Flugzeug abgegeben, inzwischen aber kämen auf eine Flakgranate hundert feindliche Flugzeuge. Arbeitsfähige Berliner wurden zum Bau von Schanzen und Schützengräben am Ostrand und an vermeintlich gut zu verteidigenden Punkten in der Stadt verpflichtet. In »allen Kreisen der Bevölkerung« überwogen »defätistische Äußerungen und solche, die sich gegen Partei und Regierung richten«.[55] Trotzdem drängte sich die arbeitende Bevölkerung in die noch verkehrenden Bahnen, um pünktlich zur Arbeit zu kommen. Was sollte man auch sonst tun? Es gab keine Alternative, keine Ausweichmöglichkeit.

Jedenfalls nicht für normale Leute. Einige Behörden dagegen fanden Auswege: »Die Regierung geht nun doch aus Berlin weg. Von den großen Ämtern werden sechs Zehntel des Personals entlassen«, notierte Hans-Georg von Studnitz vom Auswärtigen Amt: »Die Männer müssen zum Volkssturm, den Frauen wird anheimgestellt, sich zu ›verkrümmeln‹. Drei Zehntel gehen sofort in Ausweichquartiere, ein Zehntel, darunter ich, bilden den sogenannten Führungsstab und bleiben in Berlin.«[56] Studnitz dachte aber nicht daran, in der Reichshauptstadt auf die Sowjets zu warten: Er nutzte die nächste Gelegenheit, sich in Richtung Westfalen abzusetzen – und beantragte Urlaub, der ihm genehmigt wurde; wahrscheinlich wusste sein Vorgesetzter genau, was Studnitz vorhatte.

Doch ein Massenphänomen wurde die Flucht von Behörden aus Berlin auch in den ersten beiden Aprilwochen nicht – allerdings nur »mangels Ziel«, wie ein internes Papier des Sicherheitsdienstes der SS feststellte. »Dafür bemühen sich alle möglichen Dienststellen und führenden Leute, sich schleunigst in Sicherheit zu bringen.« Ohnehin werde seit sechs Wochen in den meisten Verwaltungen nicht mehr gearbeitet, beanstandete der Berichterstatter. Für Empörung sorgte das Verhalten zahlreicher NSDAP-Funktionäre: »Die Parteidienststellen verschwinden zumeist nach Bayern, und zwar die besseren nach Landshut und Berchtesgaden.«[57] Ebenso wichen Teile der Wehrmachtsverwaltung, zum Beispiel die Feindanalyseabteilung »Fremde Heere Ost«, und verschiedene Dienststellen des SS-Imperiums mit ihren Akten aus – entweder in Richtung Flensburg oder nach Oberbayern. Wer immer sich einen Passierschein ausstellen lassen, erschwindeln oder fälschen konnte, ging Richtung Westen.

Zurück blieben mehr als zweieinhalb Millionen Menschen, die nicht rechtzeitig die Hauptstadt hatten verlassen können.

Gleichzeitig schwappten Zehntausende aus allen Richtungen außer Westen nach Berlin herein. Der 16-jährige Wolfgang Kotsch wollte sich freiwillig melden, um noch seinen Beitrag im Kampf gegen die Rote Armee zu leisten. Ein HJ-Kamerad gab ihm den Tipp, sich als Kurier zur Verfügung zu stellen, um in die Reichshauptstadt zurückzukommen; dort sei es einfacher, sich zu einer Kampfeinheit zu melden. »Mit einem großen Paket für das Innenministerium in Berlin fuhr ich los. Vor Berlin blieb unser Zug stehen, da gerade ein Luftangriff stattfand. Wir konnten von weitem den Feuerzauber verfolgen. Dann ging es in die zerstörte Stadt.« Den Empfang allerdings hatte sich Kotsch anders vorgestellt: »Als ich in der Nacht zu Hause erschien, waren meine Eltern entsetzt: ›Was willst Du denn hier?‹«[58] Sie waren gerade dabei, aus Berlin zu verschwinden.

Auch die gleichaltrige Lieselotte war auf eigene Initiative nach Berlin gekommen. »Nun bin ich also zu Hause. Es war doch das einzig Richtige, dass ich gefahren bin«, schrieb die Schülerin Anfang April 1945: »In solcher Zeit sollen die Familien, wenn es irgend geht, zusammenkommen.« Erstaunt registrierte das Mädchen, das von der NS-Ideologie völlig gefangen war, obwohl es aus einem nazikritischen Elternhaus stammte, wie die Reichshauptstadt auf die Verteidigung »vorbereitet«

^ *Propagandaminister Joseph Goebbels belobigt für die Kamera einen Hitler-Jungen in Lauban für seinen Kampfeinsatz.*

worden war: »Hier ist der ganze Wald durchzogen mit Laufgräben und Panzerlöchern. Alles ist abgeholzt, alle Straßen haben Panzersperren, man kam kaum durch. Die Leute nennen sie ›Lachsperren‹. Die russischen Panzer werden bei der Einnahme Berlins zwei Stunden davorstehen und sich vor Lachen den Bauch halten – und sie dann innerhalb von zwei Minuten überfahren.«[59]

Praktisch jeder männliche Berliner zwischen 15 und 65 Jahren wurde nun eingezogen, meist zum Volkssturm. Kurt Wafner gehörte zu denen, die dieses »letzte Aufgebot« bilden sollten: »Volkssturm – Vereidigung. Die lächerlichste Phrase, die ich je erlebte«, notierte der 26-jährige Laborant: »Wir ließen Reden über uns ergehen, strotzend vor Sieg und Glauben. Dann versickerte die Vereidigungsformel in lautlosem Gemurmel. Nur wenige Münder bewegten sich. Ein paar Führer schrien sie über den Platz hinweg, die meisten schwiegen. Auch bei der Hymne blieb es erschreckend ruhig. Passive Resistenz. Ich glaube nicht, dass diese Männer sich lange verteidigen werden.«[60]

Unbedingt kämpfen wollte Hans M., Schüler an einer NS-Eliteschmiede: Er trat in Potsdam noch zur Musterung bei der Wehrmacht an. Seiner Mutter berichtete er: »Als ich im Musterungslokal ankam, ließ ein Feldwebel gerade antreten, erklärte alles Wichtige bei der Musterung und meldete einem Hauptmann, der uns dann dasselbe noch mal erzählte.« Der mit 160 Zentimetern Größe und 45 Kilogramm Gewicht für sein Alter sehr schmächtige Junge wurde vom Oberstabsarzt als »zeitlich untauglich« befunden und vorerst für drei Monate, bis zum 1. Juli 1945, von jedem Einsatz zurückgestellt, einschließlich Reichsarbeitsdienst. M. war konsterniert: »Man hat uns gleich zu Anfang gesagt, dass vom Jahrgang 1929 grundsätzlich 75 Prozent zurückgestellt werden. Das tröstet mich. Nun Schluss. Hoffentlich hat Dich das Ergebnis nicht all zu sehr enttäuscht.« Eingesetzt wurde er trotzdem: Nur wenige Tage nach der vorausschauenden Musterung durch den Wehrmachtsarzt begann für Hans die Ausbildung am MG und an Panzerfäusten. »Falls die Lage weiterhin so ernst bleibt, ist es möglich, dass wir, wie wir es uns alle wünschen, als Panzerjagdkommandos eingesetzt werden. Nach neuesten Bestimmungen ist es aber auch möglich, dass jede Stunde von der Inspektion der

Befehl kommen kann, nach Plön in Holstein abzurücken – auf Deutsch: zu flüchten!«, schrieb er.[61]

Frühlingsstimmung wollte in der zerbombten Hauptstadt im April 1945 nicht aufkommen. Hoffnung hegten die meisten Berliner schon längst nicht mehr; sie fürchteten die Rache der russischen Soldaten. Die immer wieder von der Propaganda angekündigten Wunderwaffen, die eine Wende hin zum Endsieg hatten bringen sollen, waren ausgeblieben, ebenso die Massen von neuen Düsenjägern, auf die Hitler noch im Januar gesetzt hatte. Die völlige Niederlage war nur noch eine Frage von Wochen. Dennoch agierte der Diktator in seinem Bunker weiter, als sei wenig geschehen: Er beförderte noch immer treue Generäle, gruppierte längst zerschlagene Wehrmachtseinheiten um und sandte sogar noch ein Glückwunschtelegramm an einen ausländischen Politiker, nämlich an den kroatischen Faschistenführer Ante Pavelic – viel mehr Verbündete hatte das Dritte Reich nicht mehr.

An Aufgeben dachte Hitler nicht; im Gegenteil. Das zeigte er am 12. April 1945. Demonstrativ zeichnete er den Breslauer NSDAP-Gauleiter Karl Hanke mit dem höchsten deutschen Orden aus: »In dankbarer Würdigung Ihrer großen Verdienste im Kampf um die Zukunft unseres Volkes verleihe ich Ihnen das Deutsche Kreuz des Deutschen Ordens. Adolf Hitler.«[62] Hankes »Verdienste« bestanden darin, aus Breslau eine »Festung« gemacht zu haben, die Stadt gegen vielfache Übermacht der Roten Armee und auf Kosten vor allem deutscher Zivilisten, aber auch Soldaten beider Seiten in aussichtsloser Lage »zu halten«. Genau dasselbe stand auch Berlin bevor.

^ *Karl Hanke, NSDAP-Gauleiter und Goebbels-Konkurrent, organisiert den Kampf um Breslau, das »Stalingrad an der Oder«.*

HOFFEN AUF DIE WENDE

Oder doch nicht? Am selben 12. April 1945 starb in Warm Springs im US-Bundesstaat Georgia Franklin D. Roosevelt. Der Präsident war seit Langem schwer krank gewesen, hatte schon im Herbst 1944 den Wahlkampf in den USA nur mit Mühe bewältigt und die anstrengende Reise zum Gipfeltreffen in Jalta im Februar 1945 allein durch schiere Willenskraft überstanden. Danach war er zur Erholung nach Georgia gefahren, wo er einem Schlaganfall erlag. Als Goebbels die Nachricht am Abend des 12. April erhielt, ließ er sich sofort mit Hitler verbinden. Er gratulierte ihm, denn das Schicksal habe seinen größten Feind niedergestreckt. Gott habe sie nicht vergessen, um schließlich mit ekstatisch verklärter Stimme vom »Wunder« zu sprechen. Der Propagandaminister beschwor das »Mirakel des Hauses Brandenburg«, das in allerletzter Stunde das Preußen Friedrichs des Großen vor dem Untergang bewahrt hatte. Goebbels war sicher: Ähnliches würde sich jetzt wiederholen. Im Jahr 1762 hatte der Tod der Zarin Elisabeth die österreichisch-russische Koalition gesprengt und damit Preußen die Chance auf ein gesichtswahrendes Ende des Krieges eröffnet. Ganz nach diesem Vorbild würde der Tod des »jüdischen« Erzfeindes Roosevelt nun das Ende der Koalition zwischen den westlichen »Plutokratien« und Stalins Sowjetunion.[63]

Glaubte Goebbels selbst an das, was er Hitler erzählte? Jedenfalls hielt ihn nur noch die Überzeugung an das »Genie« des »Führers« aufrecht – und die Überzeugung, dessen Stimmung müsse um jeden Preis gehoben werden. Wohl deshalb ließ der Propagandaminister sogar zwei Horoskope in den

Führerbunker bringen, laut denen sich in der zweiten Aprilhälfte das Kriegsglück wenden sollte.[64] Goebbels hielt selbst nicht viel von Astrologie; allerdings war ihm auch dieses Mittel recht, wenn es nur seinen »Führer« innerlich wieder ein Stück aufrichten würde.

Doch wie reagierte Hitler auf die Nachricht aus den USA? Sein Luftwaffen-Adjutant Nicolaus von Below erinnerte sich, der »Führer« habe die Nachricht nüchtern und ohne großen Optimismus aufgenommen, »aber er schloss doch nicht aus, dass dieser Tod politische Folgen für uns haben könnte.«[65] Von Euphorie gab es auch in den Notizen von Martin Bormann keine Spur; dort stand schlicht »nachm. Roosevelt †« und »Abends Kesselring. Lange Besprechung«.[66] Ganz anders aber gab sich der Chef der Parteikanzlei nach außen. Noch in der Nacht vom 12. auf den 13. April 1945 rief er die Gauleiter der NSDAP in den wenigen verbliebenen noch nicht besetzten Gebieten Deutschlands an und prophezeite ihnen »einen totalen Umschwung in Europa«. Die Meldung vom Tode Roosevelts sei »die beste Nachricht, die wir seit Jahren bekommen haben.« Den Grund für seine Zuversicht nannte Bormann auch: »Sagen Sie allen Männern, der gefährlichste Mann dieses Krieges ist tot.«[67]

^ *Die »Großen Drei« Winston Churchill, Franklin D. Roosevelt und Josef Stalin bei der Konferenz von Jalta im Februar 1945*

Möglicherweise teilte Hitler im ersten Moment die Begeisterung von Goebbels, um dann aber doch zu erkennen, dass sich mit Roosevelts Tod eigentlich gar nichts an der Lage verändert hatte. Zumindest sagte Albert Speer wenige Monate nach Kriegsende aus, nach dem »Überschwang des ersten Augenblicks« sei Hitler »zu einer ruhigeren Beurteilung gekommen«.[68] Später dagegen, in seinen Erinnerungen, schilderte er die Szene mit deutlich anderem Schwerpunkt: »Hitler sah mich und stürzte mit einer bei ihm seltenen Lebhaftigkeit auf mich zu.« Seine Worte hätten sich überstürzt: »Hier haben wir das große Wunder, das ich immer vorhergesagt habe. Wer hat nun Recht? Der Krieg ist nicht verloren. Lesen Sie! Roosevelt ist tot!« Er habe sich gar nicht beruhigen können: »Endgültig glaubte er die Unfehlbarkeit der ihn beschützenden Vorsehung bewiesen.«[69]

Der Stenograph Gerhard Herrgesell beschrieb schon 1948 die Reaktion des Diktators auf die Nachricht von Roosevelts Tod so: »Hitler, der schon eine Weile still und nachdenklich über eine Karte gebeugt dagesessen hatte, wurde plötzlich – wie soll ich sagen – man kann nur sagen: wild. Er sprang auf, mit großer Freude ging er einige Schritte und sagte dann: ›Ich habe es immer gesagt, ich hatte so eine Ahnung.‹ Es berührte mich damals unangenehm, dass ein Staatsmann so die Fassung verlieren und in einer direkt kindlichen Freude aufspringen kann.«[70] Reichsaußenminister Joachim von Ribbentrop bemerkte nach seiner Rückkehr aus dem Bunker gegenüber einem Mitarbeiter, der Führer sei »mit den Beinen nicht mehr auf der Erde. Er schwebt irgendwo im Himmel. Goebbels, diese Kanaille, hat ihm eingeredet, dass der Tod Roosevelts die große Wende sei.«[71] Angeblich trat Hitler in jener Nacht in stille Konversation mit dem Porträt Friedrichs II., das in seinem winzigen Wohnzimmer an der Wand hing.

Ob Hitler nun begeistert auf die Nachricht reagierte oder nüchtern, ob Goebbels ihm etwas einredete oder ob sich der Diktator nur noch in Wahnwelten bewegte – in seinem letzten Tagesbefehl an die deutschen Truppen vom 16. April 1945 verkündete er allen Ernstes: »Im Augenblick, in dem das Schicksal den größten Kriegsverbrecher aller Zeiten von der Erde genommen hat, wird sich die Wende dieses Krieges entscheiden.«[72] Wie viele deutsche Soldaten noch an diese Botschaft glaubten, ist nicht überliefert; vereinzelt hielt sich wohl noch die Vorstellung, an seinem Geburtstag, dem 20. April, werde es zum massiven Schlag gegen die Feinde kommen, mit neuen Wunderwaffen.[73]

Allerdings war wenige Stunden, bevor dieser Tagesbefehl an die verbliebenen Wehrmachtseinheiten östlich Berlins übermittelt wurde, die Hölle über sie hereingebrochen. Mit einem Trommelfeuer aus 14.600 Geschützen, dem fürchterlichsten Granatengewitter der gesamten Kriegsgeschichte, begann die Schlussoffensive der Roten Armee. 6250 Panzern und 2,5 Millionen Rotarmisten traten zum Sturm auf Berlin an. Der Hauptstoß führte über die Seelower Höhen, zwei weitere sowjetische Armeen brachen südlich und nördlich durch die löchrige deutsche Oderfront, um in weiten Zangenbewegungen die Reichshauptstadt zu umfassen. Der Wehrmachtsbericht vermeldete zutreffend »erbitterte Kämpfe an der gesamten Front«.[74]

Der 14-jährige Berliner Justus Alenfeld, der als Sohn einer »Mischehe« das Ende des NS-Regimes herbeisehnte, begann ein »Tagebuch vom Endkampf Berlins« zu führen. Am 17. April notierte er: »Über die Offensive der Roten Armee noch keine genauen Meldungen. Größte Spannung überall.« Am selben Tag traf Hedwig Luschei in Falkensee bei Spandau eine Entscheidung: »Die Spannung politisch und militärisch ist am Äußersten. Was und wie wird alles werden? Parolen gehen hin und her. Die Menschen werden direkt wie von einem wilden Fieber gepackt. Mit jedem Tag wird die Erregung größer. Im Geschäft hört man Gerüchte, die ins Uferlose gehen. Mit Sack und Pack ziehen die Menschen ab in Richtung Westen. Haben sie wirklich solche Angst vor dem Russen? Im Geschäft wird dieses ›Flüchten‹ auch reichlich erörtert. Mein Entschluss steht fest: Ich bleibe, mag kommen, was will.«[75]

Es kam die Rote Armee. Am 19. April 1945, nach drei Tagen verzweifelter Gefechte um die Seelower Höhen, war die letzte deutsche Frontlinie zusammengebrochen. Nun rückte die sowjetische Hauptmacht auf kürzestem Weg gegen die östlichen Stadtbezirke vor, während schnelle russische Verbände nördlich und südlich die Reichshauptstadt umrundeten und bereits in die Nähe der nördlichen, südlichen und westlichen

Vororte gekommen waren. Nur 24 Stunden später nahmen die ersten Geschütze der Roten Armee das Regierungsviertel gezielt unter Feuer.

^ *Die sowjetische Offensive auf Berlin gehört mit 2,5 Millionen Soldaten zu den größten Angriffen der Kriegsgeschichte.*

LETZTE ENTSCHEIDUNGEN

Für irgendwelche Illusionen war es jetzt endgültig zu spät. »Leider nicht gerade eine Geburtstagslage«, notierte Martin Bormann am 20. April 1945 erstaunlich knapp in seinen Kalender.[76] Genauer hätte der engste Mitarbeiter des Führers die Situation kaum fassen können. Zwar hatte Joseph Goebbels einen großen Glückwunschartikel in die wenigen noch erscheinenden Zeitungen unter seiner Kontrolle setzen lassen: »Der Führer ist Deutschlands tapferstes Herz« lautete die Überschrift in der »Berliner Morgenpost«. Episch versprach der Propagandaminister: »Wir stehen zu ihm in germanischer Gefolgschaftstreue – sie können uns quälen, aber nicht demütigen und zerbrechen!«[77]

Doch solche Botschaften machten in Berlin längst keinen Eindruck mehr. Die 16-jährige Lieselotte etwa notierte: »Wieder im Keller. Heute ist Führergeburtstag, aber keiner hat geflaggt, obwohl Goebbels in seiner Rede darauf hingewiesen hat.« Wahrscheinlich hatte sie mit ihrer Vermutung recht: »Die meisten Leute haben ihre Fahnen schon verbrannt, auch Parteiabzeichen und dergleichen weggeschmissen. Weil alle Angst vor den Russen haben.«[78] Die Journalistin Ursula von Kardorff hielt fest: »Hitlers Geburtstag! Fragte mich bei der Rede von Goebbels, die ich mir zum ersten Mal freiwillig anhörte, ob dies schon Irrsinn oder einfach Raffinesse ist, ob er kaltblütig eine Doppelrolle spielt?«[79]

Die Situation im Führerbunker war vollends gespenstisch geworden. Traudl Junge erinnerte sich: »Die ersten russischen

Panzer standen vor Berlin. Der Donner der Infanteriegeschütze drang bis in das Gebiet der Reichskanzlei. Der Führer empfing die Glückwünsche seiner Getreuen. Alle kamen, drückten ihm die Hand, gelobten Treue und versuchten, ihn zum Verlassen der Stadt zu bewegen.« Das Ergebnis war absehbar: »Sie alle versuchten es umsonst. Hitler wollte bleiben und abwarten.«[80] Zwar hatte der Diktator einige Tage zuvor dem Drängen seiner Berater nachgegeben und offiziell den Ausbau einer letzten Verteidigungsstellung in den Alpen befohlen. Doch das war nicht mehr als Augenwischerei gewesen. Christa Schroeder, eine andere Privatsekretärin, notierte: »Die Gratulationscour des persönlichen Stabes und der Militärs am Vormittag war im Vergleich zu früheren Jahren in sehr gedämpfter Atmosphäre erfolgt. Um so aufdringlicher war die Gratulationscour der Alliierten, indem sie fast unentwegt vom frühen Morgen bis zwei Uhr nachts rollende Luftangriffe auf Berlin flogen. Wir kamen aus dem Bunker nicht mehr heraus.« »Abends saßen wir zusammengepfercht im kleinen Arbeitszimmer. Hitler war schweigsam und starrte vor sich hin. Auch wir fragten ihn, ob er Berlin nicht verlassen wollte. ›Nein, das kann ich nicht‹, antwortete er.« Er müsse »hier in Berlin die Entscheidung herbeiführen – oder untergehen!«[81] Die Mitglieder des Hofstaates schwiegen, und der Sekt, den sie auf Hitlers Wohl tranken, schmeckte fade.

^ *Schon wenige Tagen nach Beginn des Angriffs rollen Panzer der Roten Armee in die Stadt. Dieses Bild ist wohl gestellt.*

Im Anschluss an die traurige Geburtstagsfeier zog sich Hitler in sein Bunker-Schlafzimmerchen zurück. Eva Braun aber lud alle Mitglieder des engsten Kreises hinauf in die beschädigte Dienstwohnung im Reichskanzler-Palais, um ein letztes Fest zu feiern. Sie »wollte die Angst betäuben, die in ihrem Herzen wachgeworden war. Sie wollte noch ein einziges Mal feiern, wo es nichts zu feiern gab, tanzen, trinken, vergessen ... Ich ließ mich nur zu gerne anstecken«, berichtete Traudl Junge. »Es wurde Champagner getrunken und schrill gelacht, und ich lachte mit, weil ich nicht weinen wollte.«[82]

Vielleicht um den inzwischen ausgehungerten Berlinern das Sterben zu erleichtern, ließ Gauleiter Goebbels am 21. April 1945 die letzten Nahrungsreserven freigeben. Oberschwester Norberta Oblöser, die Oberin der Schwestern im Haus des Katholischen Frauenbundes in Charlottenburg, hielt fest, woraus ihre »Eiserne Ration« bestand: »30 Gramm Bohnenkaffee, eine Dose Gemüsekonserven, 250 Gramm Hülsenfrüchte, 250 Gramm Nährmittel, ein Pfund Fleisch, ein Kilo Zucker und eine kleine Packung Kaffeeersatz.« So viel Lebensmittel auf einmal hatte es schon seit Wochen nicht mehr gegeben.[83] Im letzten noch geöffneten Restaurant der Stadt, dem Adlon, wenige hundert Meter nördlich des Führerbunkers, lockerte das Personal die Sitten: »Im Speisesaal sind die wenigen Gäs-

^ *In vielen Straßen wird erbittert gekämpft. Auch dieses Bild ist wahrscheinlich nachträglich aufgenommen worden.*

te überwältigt von der Bereitwilligkeit der Kellner, den Wein in Strömen auszuschenken. Sonst heißt seit langem die Regel: ein Glas pro Kopf«, fiel dem norwegischen Korrespondenten Theo Findahl auf. Er fand das konsequent: »Nun ja, lieber die letzten Gäste bezahlen lassen als alles den Russen geben.«[84]

Stadtteil für Stadtteil näherten sich die Rotarmisten nun der Innenstadt. Am 22. April 1945 hatten sie schon Frohnau im Norden und Lichtenberg im Osten besetzt. Justus Alenfeld, der in Zehlendorf auf das Ende des Dritten Reiches wartete, notierte: »Alle Leute sind verstört, erregt und zum Teil völlig ratlos. Aber was gibt es auch für Gerüchte! Einer macht den anderen noch durchgedrehter als der ohnehin schon ist. Und da die Partei immer wieder Falschmeldungen ausstreut, wird es natürlich noch schlimmer. Also: Die Patienten in Hospitälern würden herausgeworfen, Krankenhäuser würden Hauptverbandsplätze. Truman hätte sich mit Stalin verkracht, Amerika mit Deutschland gegen Russland. Hitler sei wieder in Berlin und was es da noch mehr an Blödsinn gibt. Aber der Bruch der Alliierten hat es den meisten besonders angetan.«[85]

Am selben Sonntag versuchten die führenden Militärs der Wehrmacht ein letztes Mal, Hitler zur Flucht nach Berchtesgaden zu bewegen. Generalfeldmarschall Wilhelm Keitel beschrieb diese Besprechung: »Am 22. April entschloss sich der Führer, in Berlin zu bleiben. Er erklärte, dass er die Stadt auf keinen Fall verlassen und, unmittelbar die Truppen führend, den Verlauf des Schicksals abwarten werde. An diesem Tag machte der Führer auf mich einen sehr niedergeschlagenen Eindruck; bis zu dieser Zeit waren mir nicht ein einziges Mal Zweifel an seiner psychischen Vollwertigkeit gekommen.« Der höchste Soldat der Wehrmacht, der den gesamten Zweiten Weltkrieg als militärischer Chefberater des Diktators mitverantwortet hatte, erlebte eine selbst ihm so nicht bekannte Seite Hitlers: »Dabei war das Gespräch auch überaus scharf und endete damit, dass der Führer mich einfach aus dem Zimmer vertrieb. Beim Hinausgehen sagte ich zu Generaloberst Jodl: ›Das ist der Zusammenbruch!‹«[86] Luftwaffen-Adjutant Nicolaus von Below erinnerte sich an Hitlers Wutanfall, den er durch die geschlossene Tür hindurch verfolgt hatte: »Es war eine furchtbare halbe Stunde. Nach diesem Ausbruch war er

sich aber über das Ende im Klaren. Er befahl Keitel und Jodl, sich zu Dönitz zu begeben und den Kampf an dessen Seite fortzusetzen. Er, Hitler, werde in Berlin bleiben und sich das Leben nehmen.«[87] Bormann schrieb in seinen Kalender: »Der Führer bleibt in Berlin!«[88]

^ *Das letzte bekannte Foto von Hitler zeigt ihn mit seinem Chefadjutanten Julius Schaub wahrscheinlich am 20. April 1945.*

DAS FINALE

Der Diktator hatte sich entschieden, in Berlin unterzugehen. Aber das sollte die Mitglieder seines Hofstaates nicht binden. Deshalb begann er, seine Vertrauten nach und nach wegzuschicken: »Beinahe stündlich verkleinerte sich der Kreis um Hitler.«[89] Zuerst gingen die beiden Sekretärinnen Johanna Wolf und Christa Schroeder. Auch seinen Chefadjutant Julius Schaub, einen besonders alten und treuen Gefährten, wollte Hitler nicht mehr bei sich wissen. Allerdings gab er ihm einen wichtigen Auftrag, den er in Bayern zu erfüllen hatte: Schaub nahm die privaten Papiere des Diktators aus Berlin, räumte Hitlers Münchner Wohnung soweit wie möglich aus und fuhr mit all diesen Unterlagen zum Obersalzberg. Dort verbrannte der Chefadjutant alles Persönliche. Schaub erfüllte seinem Herrn diesen letzten Wunsch. Auch die beiden anderen Sekretärinnen Traudl Junge und Gerda Christian schickte Hitler weg, doch sie weigerten sich und blieben im Bunker, ebenso seine private Diätköchin Constanze Manziarly.

Im Bunker wurde die Stimmung durch den teilweisen Exodus noch schlechter. Nun begann der Abfall auch der ehemals engsten Vertrauten des Führers. Hermann Göring, der seit langem Hitlers Vertrauen verloren hatte, sandte am 23. April 1945 ein Telegramm, mit dem er sich nach einer Schamfrist entsprechend einer fast sechs Jahre alten Anordnung selbst zum Staatschef machen wollte. Martin Bormann drängte daraufhin, Göring unehrenhaft zu entlassen. Zwei Tage später verließ Hermann Fegelein, der Verbindungsoffizier der SS bei Hitler, ohne Erlaubnis das unterirdische Hauptquartier. Binnen weniger Stunden erfuhr Hitler vom Verrat des vermeintlichen Muster-Offiziers. Er ließ ihn in seiner Wohnung in Charlottenburg verhaften, wo er einen Koffer voller Schmuck sowie Geld aufbewahrte und in Begleitung einer Freundin angetroffen wurde, während seine Ehefrau, die hochschwangere Schwester von Eva Braun, in Berchtesgaden weilte. Fegelein wurde in die Reichskanzlei gebracht und nicht lange darauf im Garten standrechtlich erschossen.

Dann kam es zu einem noch spektakuläreren Verrat: Am 27. April 1945 meldeten internationale Nachrichtenagenturen, Fegeleins Chef, der »Reichsführer SS« Heinrich Himmler, habe sich mit einem schwedischen Diplomaten getroffen, um einen Separatfrieden im Westen anzubieten. Teil des umgehend abgelehnten Abkommens sollte die Schonung seiner Person sein. Auch ihn, den am meisten gefürchteten Mann des Dritten Reiches und zuletzt in Personalunion Chef des Ersatzheeres, Oberbefehlshaber einer Heeresgruppe im Westen und Reichsinnenminister, verstieß Hitler nun.[90]

Die letzte Nachricht, die den Führerbunker aus der großen weiten Welt erreichte, war ein weiterer Tiefschlag; Hitlers früheres Vorbild Benito Mussolini war auf der Flucht in Norditalien von Partisanen aufgegriffen, in einem Dorf bei Como erschossen und an einer Tankstelle in Mailand kopfüber aufgehängt worden.[91] Das gleiche Schicksal traf die Geliebte des ehemaligen Faschistenführers, Clara Petacci. Hitler reagierte darauf mit der Ankündigung des eigenen Selbstmords: »Ich will dem Feind weder tot noch lebendig in die Hand fallen. Nach meinem Ende soll mein Körper verbrannt werden und so für immer unentdeckt bleiben.«[92]

Nun begannen die letzten Verrichtungen im Bunker. Zunächst diktierte Hitler einer der beiden verbliebenen Sekretärinnen ein politisches und ein privates Testament. Traudl Jun-

^ *Der gutaussehende SS-Offizier Hermann Fegelein war Kriegsverbrecher, Schürzenjäger und Eva Brauns Schwager.*

ge schilderte rückblickend ihre Gedanken in diesem Moment: »Jetzt kommt endlich das, worauf wir seit Tagen warten: Die Erklärung für das, was geschah, ein Bekenntnis, ein Schuldbekenntnis sogar, vielleicht eine Rechtfertigung. In diesem letzten Dokument des Tausendjährigen Reiches müsste die Wahrheit stehen, bekannt von einem Menschen, der nichts mehr zu verlieren hat. Aber meine Erwartung wird enttäuscht. Teilnahmslos, fast mechanisch spricht der Führer Erklärungen, Anklagen und Forderungen aus, die ich, die das deutsche Volk und die ganze Welt kennen.«[93]

Hitler hatte nun noch vor, seine Beziehung zu Eva Braun zu legalisieren; allerdings nicht aus eigenem Antrieb, sondern auf ihren Wunsch hin. Im privaten Testament hieß es, wieder einmal seltsam distanziert: »Da ich in den Jahren des Kampfes glaubte, es nicht verantworten zu können, eine Ehe zu gründen, habe ich mich nunmehr vor Beendigung dieser irdischen Laufbahn entschlossen, jenes Mädchen zur Frau zu nehmen, das nach langen Jahren treuer Freundschaft aus freiem Willen in die schon fast belagerte Stadt hereinkam, um ihr Schicksal mit dem meinen zu teilen. Sie geht auf ihren Wunsch als meine Gattin mit mir in den Tod.«[94]

Die Hochzeitszeremonie wurde formlos von einem eilig in den Hauptbunker bestellten Standesbeamten vollzogen. Goeb-

^ *Die Leichen Benito Mussolinis (2.v.l.) und anderer faschistischer Funktionäre, aufgehängt an einer Tankstelle in Mailand, April 1945*

bels und Bormann waren die Trauzeugen, und gegen 1.30 Uhr morgens am 29. April 1945 gratulierte die engste Umgebung dem frischgebackenen Ehepaar. So hatte sich Eva Braun ihre Hochzeit sicher nicht vorgestellt; mit allem denkbaren Pomp hatte sie ein knappes Jahr zuvor die Trauung ihrer Schwester Gretl mit Hermann Fegelein organisiert und gesagt, diese »Hochzeit sollte so schön sein, als ob es meine eigene wäre«.[95] Hitlers persönlicher SS-Adjutant Otto Günsche bestätigte: »Die Heirat Hitlers war eine ›Geste‹ seiner langjährigen Gefährtin gegenüber. Normalerweise hätte er sie nicht geheiratet. Das wusste sie auch.«[96]

Am 29. April 1945 gegen 23 Uhr schickte Hitler einen letzten Funkspruch an die Wehrmachtsführung. Noch einmal erkundigte er sich, wo denn die Entsatztruppen für das umkämpfte Regierungsviertel blieben. Knapp vier Stunden später antwortete Wilhelm Keitel, dass mit einer Besserung der Situation nicht mehr zu rechnen sei. Inzwischen waren Vorauskommandos der sowjetischen Truppen nur noch knapp hundert Meter von der Reichskanzlei entfernt. Deren Kampfkommandant Wilhelm Mohnke teilte dem Diktator mit, dass man die Stellung noch einen, höchstens zwei Tage halten könnte. Daraufhin legte Adolf Hitler als Zeitpunkt seines Todes den 30. April 1945 gegen 15 Uhr fest. Als letzte Befehle gab er seinen Kommandanten, Mohnke und dem Befehlshaber in Berlin, General Helmuth Weidling, die Erlaubnis, in aussichtsloser Lage auszubrechen und sich durchzukämpfen. Von einer Kapitulation wollte der Diktator noch immer nichts wissen.

Ungefähr zum festgelegten Zeitpunkt ihres Selbstmordes zogen sich Adolf und Eva Hitler in das winzige Wohnzimmer der Führerwohnung im Hauptbunker unter dem Garten der Reichskanzlei zurück. Zuvor hatten sie sich noch von ihrem Hofstaat verabschiedet; der Diktator gab seinem persönlichen Kammerdiener Heinz Linge noch Anweisungen über den Umgang mit seiner Leiche.[97] Auf keinen Fall sollte sein Körper in die Hände der Roten Armee fallen und wie in einem Panoptikum ausgestellt werden.[98] Vor der verschlossenen Stahltür versammelten sich, so schilderten es jedenfalls einige der verbliebenen Bewohner der feuchten Höhle, ein halbes Dutzend Diener, Adjutanten oder Vertraute und warteten.

Im Bunker herrschte durch den Artilleriebeschuss und den ständig laufenden Dieselgenerator ein hoher permanenter Geräuschpegel. In diesem Grundgeräusch war durch die massiven Betonwände und Schutztüren ein einzelner Pistolenschuss nicht zu hören. Deshalb wusste niemand, wann genau sich der Doppelselbstmord vollzog. Nahmen sich Adolf und Eva noch etwas Zeit für einen persönlichen Abschied oder schieden sie sofort nach dem Schließen der Tür aus dem Leben? Jedenfalls war der einzelne Knall, den Traudl Junge im Vorbunker hörte, »so laut und so nah, dass wir alle verstummen«, und den der einzige Goebbels-Sohn Helmut kindlich naiv kommentierte: »Das war jetzt aber ein Volltreffer!«, mit Sicherheit nicht der Schuss, mit dem Hitler seine Existenz beendete.[99]

Ab 15.15 Uhr hatten seine engsten Mitarbeiter die Tür zum Wohnzimmerchen im Bunker blockiert. Sie horchten, ob sie einen Schuss hörten, und schnupperten nach Pulvergeruch. Erst als sie tatsächlich die unverkennbaren Spuren eines Pistolenschusses rochen, öffneten Heinz Linge und Otto Günsche gegen 15.50 Uhr die Tür und betraten durch den Vorraum das Sterbezimmer des deutschen Diktators. Was sie dort sahen, schilderten beide später allerdings mehrfach und widersprüchlich – ebenso wie andere tatsächliche oder vermeintliche Augenzeugen.

Nach einer Version saßen Adolf und Eva Hitler nebeneinander auf dem Sofa, laut einer anderen getrennt voneinander: er im Sessel, sie auf dem Sofa. Trug Eva ein rosa geblümtes Kleid, ein dunkelblaues oder ein schwarzes? Hatte Adolf sein goldenes NSDAP-Parteiabzeichen angelegt? Waren die Lippen der toten Frau vom Zyankali leicht gekräuselt, standen sie offen oder waren sie im Gegenteil zusammengepresst? Mal hieß es, beide hätten Einschüsse gehabt, Eva im Mund, Hitler an der Schläfe. Hatte der Diktator also zuerst seine Frau getötet und dann sich selbst gerichtet? Einer weiteren Schilderung zufolge sollte nur Hitler eine sichtbare Verletzung gehabt haben – hatte Eva sich also mit einer der Selbstmordkapseln, die das Reichskriminalamt 1944 hatte herstellen lassen, getötet? Und wollte vielleicht auch der Diktator selbst ganz sicher gehen und biss erst auf eine der Ampullen mit Zyanid, bevor er sich in den Kopf schoss? Hatte er Glassplitter im Mund? Waren beide in sich zusammengesunken, oder nur entweder Adolf oder Eva

Hitler? In einigen Berichten hieß es sogar, der Diktator habe noch gewimmert, als Linge und Günsche eingetreten seien; der SS-Adjutant habe ihm daraufhin den Gnadenschuss geben müssen. Es gab so viele in kleineren und größeren Details voneinander abweichende Beschreibung der Situation im Wohnzimmer, dass der US-Ankläger Thomas J. Dodd beim Nürnberger Hauptkriegsverbrecher-Prozess geradezu an den Aussagen des Zeugen Erich Kempka über den Tod Hitlers verzweifelte. Resigniert schloss der Jurist seine Vernehmung: »Ich glaube, ich werde keine Fragen mehr stellen, Herr Präsident.«[100]

Wer genau die zwei Leichen durch den Gartenausgang ans Tageslicht trug und dort in einen Granattrichter legte, schilderten Günsche, Linge und Kempka sowie weitere Augenzeugen ebenfalls unterschiedlich. Sicher ist allein: Das verstorbene Ehepaar Hitler wurde mit Benzin aus der Notreserve des Reichskanzlei-Fuhrparks übergossen und in Brand gesetzt – so lange, bis ihre Körper möglichst vollständig verbrannt waren. Gut möglich, dass Goebbels, Bormann und die beiden verbliebenen Wehrmachtsgeneräle im Führerbunker, der letzte Chef des Generalstabes des Heeres Hans Krebs und der letzte Wehrmachts-Chefadjutant Wilhelm Burgdorf dem toten Diktator die letzte Ehre erwiesen. Eher unwahrscheinlich dagegen, dass sich ein SS-Wachmann, der in der Küche des Festsaals gezecht hatte, von einer Seitentür aus zuschaute, dann

^ *Zwei Rotarmisten zeigen Anfang Mai 1945 im Garten der Reichskanzlei, wo Hitlers Leiche verbrannt worden sein soll.*

in den Bunker hinab rannte und seinem Kameraden Rochus Misch, einem Telefonisten des Führerbegleitkommandos, zurief: »Der Chef brennt! Willst Du mal gucken?«[101]

Einige der letzten Bunkerinsassen wollten ebenfalls nicht mehr weiterleben. Zwar unterbreitete Joseph Goebbels, nun Reichskanzler, der Roten Armee das Angebot einer Teilkapitulation, während auf vielen Straßen der Innenstadt und rund um Widerstandsnester wie das Olympiastadion, das Oberkommando des Heeres am Landwehrkanal und die drei gigantischen Flaktürme noch verzweifelt gekämpft und gestorben wurde. Doch es war wohl nur ein letzter, nicht mehr ernst gemeinter Versuch, die Anti-Hitler-Koalition auseinander zu bringen. Als das Angebot erwartungsgemäß zurückgewiesen wurde, traf er am Nachmittag des 1. Mai 1945 die letzte Entscheidung seines Lebens. Es war heiß und »schrecklich schön«, erinnerte sich Karin Friedrich an diesen Maifeiertag: »Frei wuchernde Narzissen, Vergissmeinnicht, junges Grün. Dazwischen hingestreckt, aufgedunsene, tote Soldaten. Russische und deutsche. Mit glasig starrenden Augen. Über allem klebrig süßlicher Verwesungsgeruch, wie nach wildem Honig.«[102] An diesem Tag zwischen den Zeiten vergiftete Magda Goebbels im Vorbunker die sechs Kinder zwischen drei und 14 Jahren, die sie mit ihrem Mann hatte; dann brachte sich das Ehepaar Goebbels zusammen um. Bald darauf erschossen sich Krebs und Burgdorf nach einem letzten Gelage im Kartenraum des Hauptbunkers. Franz Schädle, der Chef des Führerbegleitkommandos, beging ebenfalls Selbstmord; er war durch eine Verletzung gehandicapt und traute sich nicht zu, den Sowjets zu entkommen.

Am Abend desselben Tages verbreiteten die wenigen noch betriebenen Sender des Reichsrundfunk die letzte Lüge des Propagandaministers: »An der Spitze der heldenmütigen Verteidiger der Reichshauptstadt ist der Führer gefallen. Von dem Willen beseelt, sein Volk und Europa vor dem Bolschewismus zu erretten, hat er sein Leben geopfert. Dieses Vorbild ›getreu bis zum Tode‹ ist für alle Soldaten verpflichtend.«[103] An dieser Mitteilung stimmte bis auf Hitlers Tod gar nichts – und gerade deshalb war die auch offiziell in den Wehrmachtsbericht aufgenommene Mitteilung der treffende Schlusspunkt unter der mörderischen Karriere des Diktators.

Die verbliebenen Angehörigen des ehemaligen Hofstaates Hitlers bereiteten unterdessen, wie von einem Fluch befreit, ihre Flucht vor. In der Nacht vom 1. auf den 2. Mai war es soweit: In mehreren Gruppen verließen sie die Ruinen an der Wilhelmstraße.[104] Mit dabei war Martin Bormann, die braune Eminenz, nach dem Diktator einer der vier mächtigsten Männer des Dritten Reiches. Vielleicht glaubte er wirklich, untertauchen und weiterleben zu können. Doch dazu kam es nicht: Nicht weit vom Führerbunker entfernt geriet Bormann zusammen mit dem letzten Begleitarzt Hitlers in eine ausweglose Lage, eingekesselt von Dutzenden Rotarmisten. Auch er beendete am frühen Morgen des 2. Mai 1945 sein Leben durch Gift.[105] Damit waren alle ehemals wichtigen Insassen des Führerbunkers tot. Viele der anderen gerieten in sowjetische Gefangenschaft.

Als der Himmel dämmerte über der Reichshauptstadt, kapitulierte Helmuth Weidling, der letzte Kampfkommandant von Berlin, bedingungslos. Bald darauf rollten sowjetische Lautsprecherwagen durch die Innenstadt, die seinen letzten Befehl verkündeten: »Am 30. April hat sich der Führer selbst entleibt und damit uns, die wir ihm die Treue geschworen hatten, im Stich gelassen. Jede Stunde, die ihr weiterkämpft, verlängert die entsetzlichen Leiden der Zivilbevölkerung Berlins und unserer Verwundeten. Jeder, der jetzt noch im Kampf um Berlin fällt, bringt sein Opfer umsonst.«[106] Der Krieg in Berlin war zu Ende – nach 2070 Tagen.

DIE BÜHNE

ENTSCHEIDUNG FÜR BERLIN

Adolf Hitler wollte seine Existenz in der Reichshauptstadt von eigener Hand beenden. Selbstmord hatte für ihn stets zu den denkbaren Optionen gehört, und mehrfach spielte er ganz konkret mit dem Gedanken, in vermeintlich auswegloser Lage aus dem Leben in den Tod zu flüchten. Zuerst nach seinem gescheiterten Putsch 1923, als die bayerische Polizei ihn suchte; ein weiteres Mal im Dezember 1932, als die NSDAP wegen seines Kurses des »Alles oder nichts« unmittelbar vor der Spaltung stand. Im Frühjahr 1945 kam hinzu, dass sich Hitlers Gesundheit rapide verschlechtert hatte, vor allem seit dem misslungenen Attentat vom 20. Juli 1944. Inzwischen ließ die Parkinson'sche Krankheit seine linke Hand so stark zittern, dass er sie oft hinter seinem Rücken verbarg. Aber weshalb Berlin? Wieso wurde der Führerbunker der Reichskanzlei zur Bühne seines Untergangs?

Hitler hatte mindestens zwei Alternativen zur Reichshauptstadt, auch nachdem das am häufigsten genutzte und am besten ausgebaute Führerhauptquartier Wolfsschanze nahe Ratzeburg in Ostpreußen wegen des Näherrückens sowjetischer Verbände im Herbst 1944 hatte aufgegeben werden müssen – wie zuvor die ebenfalls ausgedehnten Anlagen bei Winniza in der Ukraine und bei Margival in Frankreich. Mitte Januar 1945 noch nicht gefährdet war vor allem seine Alpenresidenz Berghof auf dem Obersalzberg bei Berchtesgaden. In deren Umgebung existierten nicht nur Dependancen der wichtigsten Ämter und Behörden des Dritten Reichs, sondern auch Kasernen für Wachmannschaften, voll funktionsfähige Fernmel-

< Gartenausgang und Entlüftungsturm des Führerbunkers im Sommer 1945. Im Hintergrund rechts der zerstörte Festsaal

deeinrichtungen und genügend Unterkünfte für die komplette Führungsspitze der Wehrmacht. Zudem verfügte der Komplex über moderne, gut ausgestattete Bunkerräume, die noch kontinuierlich ausgebaut wurden.[107]

Ein weiteres denkbares Ausweichquartier war ein Lieblingsprojekt von Martin Bormann, die ehemalige »Reichssiedlung Rudolf Heß«, nun »Sonnenwinkel« genannt. Das abgeriegelte und mit einer Mauer umgebene Areal nahe der Stadt Pullach in Oberbayern hatte einen massiven, bestens ausgebauten Bunker, genügend Quartiere und Funkanlagen, außerdem gleich zwei Gleise für den Sonderzug des »Führers«.[108] Und es lag dicht an jener Stadt, in der Hitler schon seit 1913 gelebt hatte, wo er sich heimisch fühlte und in der er bis zuletzt die einzig wirklich eigene, private Wohnung seines Lebens gemietet hatte: München. Nicht fertig gestellt waren im Januar 1945 dagegen zwei weitere Führerhauptquartiere, im Eulengebirge in Schlesien und im Jonastal in Thüringen.[109] Beide Komplexe wurden zwar mit Hochdruck ausgebaut, doch würde es noch Monate bis zur Nutzbarkeit dauern; sie waren daher keine Alternativen.

Doch Hitler entschied sich für Berlin. Dabei blieb er auch noch, als seine engsten Vertrauten ihn beknieten, nach Berchtesgaden auszuweichen, weil sowjetische Armeen bereits erste Außenbezirke eingenommen hatten. Die Reichshauptstadt war immer sein Ziel gewesen. Spätestens seit 1916 hatte ihn die Metropole fasziniert; hierher schickte er zehn Jahre später seinen besten Mann Joseph Goebbels, der sie für die NS-Bewegung erobern sollte. In Berlin hatte Hitler 1933 den Sprung an die Macht geschafft, und überwiegend von hier aus herrschte er ein Dutzend Jahre praktisch uneingeschränkt über Deutschland. Mit der Reichshauptstadt verband ihn eine ganz besondere Beziehung, eine Art Hassliebe: Er brauchte Berlin und wusste das – und zugleich stieß ihn die Großstadt ab, war sie doch bis 1933 pluralistisch und liberal gewesen, aber selbst noch während des Zweiten Weltkrieges nie völlig dem Nationalsozialismus untertan.

Der Führerbunker in Berlin hatte nie ein vollwertiges Hauptquartier sein sollen; dafür war er viel zu klein. Es gab auch keine nahegelegenen bombensicheren Quartiere für die militärischen Stäbe, die zur Lenkung eines Krieges unbedingt

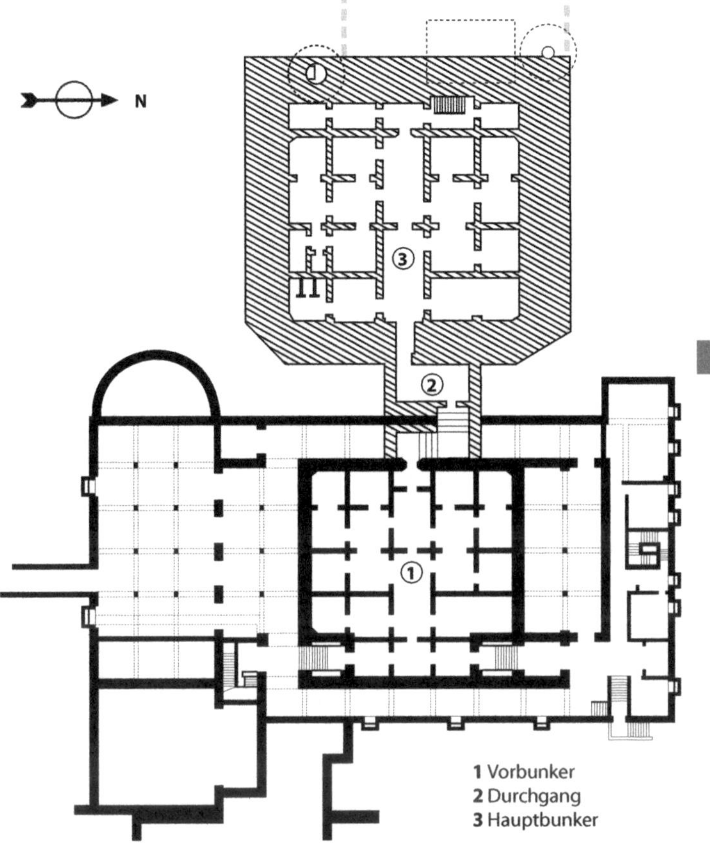

notwendig waren, zu wenig Unterkünfte für Personal und einen höchstens als Nebenstelle tauglichen Fernmelderaum. Eigentlich eignete sich der Bunker nur als Luftschutzraum für Hitler persönlich, wenn ihn denn ein feindlicher Luftangriff in Berlin überraschen sollte. Entsprechend hatte er gerade die notwendige Größe, um den Diktator selbst und seine allerengste Umgebung aufzunehmen: ein halbes Dutzend Diener und Adjutanten, bis zu vier Privatsekretärinnen, eine Köchin, die Leibärzte und Personenschützer.

Entsprechend war es schon bei der Planung um möglichst kurze Wege in den Schutzraum gegangen. Dabei hatte sich das Areal angeboten, in dem sich seit dem 19. Jahrhundert die

^ *Gesamtplan des Führerbunkers. Der alte Schutzraum wurde durch den Anbau des Hauptbunkers 1943/44 zum Vorbunker.*

wichtigsten Regierungsgebäude des erst preußischen, dann des deutschen Staates konzentrierten: die Wilhelmstraße. Vor allem an ihrer Westseite schlossen sich an großzügige, meist im Barock errichtete Adelspalais ausgedehnte, für die Lage in der Innenstadt untypische Parks an, die für die Öffentlichkeit unzugänglich waren. Einige von ihnen hatten im Dritten Reich als Reserveflächen für den Ausbau zahlreicher Verwaltungen gedient, etwa für das Reichsluftfahrtministerium oder das ständig weiter wuchernde Ministerium für Volksaufklärung und Propaganda. Aber auch für Bunker, von deren Notwendigkeit Hitler überzeugt war, plante er doch schon vor seiner Ernennung zum Reichskanzler ganz konkret für den nächsten Krieg.

»Jede deutsche Stadt ist für Bombenflieger erreichbar«, hatte der gerade zum Reichsluftfahrtminister ernannte Hermann Göring am 29. April 1933 verkünden lassen: »Unsere wichtigsten Industrien liegen im nahen Wirkungsbereich fremder Fliegerkampfkräfte. Der Luftschutz ist daher zu einer Lebensfrage für unser Volk geworden. Er verlangt einen jahrelangen zielbewussten Aufbau unter fachmännischer Leitung und straffer Führung.« Bemerkenswert war weniger der Inhalt und mehr der Zeitpunkt dieser Bekanntmachung: Der zweite Mann der NSDAP, im Weltkrieg 1914 bis 1918 hochdekorierter Jagdflieger, inzwischen in Personalunion Reichstagspräsident, Reichsminister für Luftfahrt und preußischer Ministerpräsident, veröffentlichte seine Botschaft keine zwölf Wochen nach der Machtübertragung an Hitler.

Noch hatte der neue Reichskanzler nicht einmal seine als vermeintliche »Friedensrede« bekannte außenpolitische Regierungserklärung gehalten, da machte Göring schon klar, dass der kommende Krieg nicht allein an den Fronten ausgetragen werden, sondern ebenso die Städte im Hinterland der Kriegsparteien zum Schlachtfeld machen würde. Deshalb rief er den Reichsluftschutzbund e.V. ins Leben, um »das deutsche Volk von der lebenswichtigen Bedeutung des Luftschutzes zu überzeugen und zur tätigen Mitarbeit zu gewinnen.«[110] Ein Zeitgenosse, Walter Tausk, notierte kurze Zeit nach dem Aufruf in sein Tagebuch: »Sofort wurde eine streng geschäftsmäßig aufgezogene Reklame und Propaganda gemacht für Gasmasken, gassichere Keller, Wegschaffung von Bodengerümpel,

Bereitstellung von Brand- und Gasbekämpfungsmitteln usw. Hier wurde eine reine Geschäftssache aufgezogen; einige Industrien wollten verdienen. Es wurde also im Laufe der letzten Wochen eine wahre Kriegspsychose eingeleitet unter der Devise: ›Polen plant einen überraschenden Luftangriff auf Breslau‹ (das ihnen im Ernstfall unbeschädigt viel lieber ist!).«[111]

Die erste gesetzliche Regelung, die den Luftschutz ausdrücklich zum Kriterium für staatliches Handeln machte, trat

^ *Die deutsche Bevölkerung wurde schon ab 1933 auf einen kommenden Luftkrieg vorbereitet.*

schon am 22. September 1933 in Kraft.[112] Deutschland wurde in den folgenden Jahren mit einem Netz von Luftschutzbeauftragten überzogen – angeblich mit ebenso hehren wie praktischen Zielen: »Der Luftschutz soll der Bevölkerung die Mittel und Wege für einen wirklichen Selbstschutz zeigen, ohne sich jedoch in farblosen Theorien zu erschöpfen. Er soll in den breiten Massen die sittlichen Kräfte wecken, die zu selbstloser Arbeit und zu Opfern begeistern. Er soll in erster Linie die moralischen Voraussetzungen schaffen, ohne die ein Volk nicht in der Lage ist, einen modernen Luftkrieg zu ertragen.«[113]

Die illegalen Deutschland-Berichte der Exil-SPD stellten regelmäßig Informationen zum Stichwort Luftschutz zusammen. Früh bereits erkannten die Berichterstatter seine dreifache Funktion: »Der Luftschutzverband, der eng mit den Behörden, insbesondere mit der örtlichen Polizei zusammenarbeitet, ist praktisch eine Zwangsorganisation geworden, die die Aufgabe hat, die Bevölkerung auf den kommenden Luftkrieg vorzubereiten. Der Luftschutzrummel bringt ein schönes Stück Geld ein, hilft die Luftrüstung finanzieren und fördert die Kriegspsychose, die heute Deutschland erschüttert«, hieß es im Bericht vom November/Dezember 1934.[114]

Am 26. Juni 1935 wurde das Luftschutzgesetz erlassen, und zwei Jahre später bestimmte die II. Durchführungsverordnung zu diesem Gesetz, dass unter allen Neubauten Luftschutzräume anzulegen seien.[115] Selbstverständlich wurden die neuen Repräsentationsbauten des Regimes mit Schutzräumen ausgestattet. Den ersten Bunker Berlins überhaupt erhielt das 1935/36 in einem südlichen Teil der Ministergärten errichtete Reichsluftfahrtministerium: Unter dem Vorplatz an der Kreuzung Wilhelmstraße Ecke Leipziger Straße entstand eine Bunkeranlage für mehrere hundert Personen.[116] Mit einer Deckenstärke von nur 80 Zentimetern Stahlbeton war dieser Bau aber schon zum Zeitpunkt seines Baus kaum mehr geeignet, einen Bombenangriff durch moderne Flugzeuge unbeschädigt zu überstehen. Warum wurde der erste eigens angelegte Luftschutzraum des Dritten Reiches so schwach ausgelegt? An mangelndem Wissen konnte es nicht gelegen haben, denn schon beim nächsten Bunkerbau der NS-Regierung, der wenig später begonnen wurde, verwirklichte man ganz andere Dimensionen.

DER ERSTE FÜHRERBUNKER

Den Bedürfnissen des NSDAP-Chefs genügten weder das Palais in der Wilhelmstraße 77, seit Otto von Bismarcks Zeiten als Reichskanzlei genutzt, noch der 1928 bis 1930 angebaute Trakt in der Wilhelmstraße 78. Das im Neubau gelegene Büro des Reichskanzlers sei die »reinste Zigarrenkiste, so eine würdelose Empfangsstätte«, soll schon am Abend des 30. Januar 1933 der eben ernannte Regierungschef gesagt haben.[117] Ihn störte unter anderem die Lage seines Arbeitszimmers hin zum lebhaften Wilhelmplatz, wo sich regelmäßig Menschenmengen versammelten und in Sprechchören den neuen Machthaber zu sehen verlangten, sowie die zu geringe Größe: »Mit 60 Quadratmetern ist es gerade für einen meiner Mitarbeiter ausreichend«, befand Hitler im Frühjahr 1933.[118] Noch weniger mochte er den Stil des Gebäudes im Geiste des Neuen Bauens. Doch weil im älteren Teil, einem Barockpalais, im ersten Halbjahr 1933 der Reichspräsident Paul von Hindenburg residierte, dessen eigener Amtssitz in der Wilhelmstraße 73 renoviert wurde, musste Hitler alle Umbau-Wünsche zurückstellen. Doch kaum war Hindenburg im Herbst zurückgekehrt an seine angestammte Adresse, begann der Lieblingsbaumeister des NSDAP-Chefs, Paul Ludwig Troost, mit der Neugestaltung. Doch der vor allem als Gestalter von Kreuzfahrtschiffen, aber auch der Parteizentrale »Braunes Haus« in München bekannt gewordene Architekt konnte nicht dauerhaft in die Reichshauptstadt kommen, weil er nach der Machtübernahme umgehend mit mehreren weiteren Großprojekten in der sogenannten Hauptstadt der Bewegung betraut worden war, unter anderem dem »Haus der deutschen Kunst« und zwei großen Bürogebäuden am Königsplatz.[119] Deshalb wurde als Bauleiter für die Umgestaltung der junge Berliner Architekt Albert Speer engagiert, der sich mit raschen Umbauten unter anderem im Auftrag von Joseph Goebbels einen Namen als Organisationstalent gemacht hatte.

Nach der Erinnerung von Gerdy Troost, der Witwe des Architekten, spielte Hitler sogar mit dem Gedanken, direkt hinter dem Palais eine neue Reichskanzlei bauen zu lassen. Dann gab er sich aber vorerst mit einem großzügigen Umbau zufrieden.[120] Der historische Barock-Bau erhielt eine grundsätzlich neue Struktur: Im Erdgeschoß wurden die Säulen der Halle entfernt und eine neue Stahlträgerdecke eingezogen, die dem Eingangsbereich ein wesentlich großzügigeres Ambiente verlieh. Außerdem ließ Troost mehrere seiner Ansicht nach für Hitler zu kleine Räume, darunter Bismarcks ehemaliges Arbeitszimmer, mit anderen zusammenlegen. Der historische Festsaal, in dem unter anderem der Berliner Kongress von 1878 stattgefunden hatte, wurde zur repräsentativen Halle Hitlers. Sein neues Arbeitszimmer nahm den gesamten Roten Saal ein, den Übergang vom alten zum jüngeren Bauteil, während der alte Kabinettssaal nun gerade noch groß genug war als Büro für den Amtschef der Reichskanzlei, Hans-Heinrich Lammers. Außerdem sah Troost eine Erweiterung westlich des Reichskanzler-Palais vor, die auch umgesetzt wurde: Anstelle eines kleinen Anbaus aus Bismarcks Zeiten entstanden ein neuer Speisesaal und ein anschließender Wintergarten, die beide durch ein Treppenhaus zur erweiterten offenen Dachterrasse und mit der komplett umgestalteten und vergrößerten Dienstwohnung des »Führers« verbunden wurden. Nach wenigen Monaten Bauzeit war diese Ergänzung wohl Ende 1934 fertig.

Doch schon wenig später, in den ersten Monaten 1935, stand dieser Neubau bereits wieder zur Debatte, denn Hitler verlangte den Anbau eines neuen Festsaals. Da ein so großer Baukörper nicht einfach im Garten der Reichskanzlei errichtet werden konnte, sollte er hinter dem Auswärtigen Amt entstehen. Die Streifen der einzelnen Ministeriumsgärten waren angesichts ihrer Längen zwischen 140 und 180 Metern mit 40 bis 60 Metern eher schmal. Der Garten des südlichsten Gebäudes

des Auswärtigen Amtes sollte dem Reichskanzler-Palais zugeschlagen werden. Am Entwurf dieses Ergänzungsbaus war Paul Ludwig Troost selbst nicht mehr beteiligt: Er starb am 21. Januar 1934 an den Folgen eines Schlaganfalls. Die Witwe und sein Büropartner Leonhard Gall führten Troosts Projekte aber gemeinsam fort. Wann genau der konkrete Auftrag erging, ist unklar; Hitler selbst datierte die Entscheidung in einem Text zur Eröffnung der Neuen Reichskanzlei 1939 auf den Sommer 1934, als er nach dem Tode Paul von Hindenburgs unter der neuen Titulatur »Führer und Reichskanzler« zusätzlich zu den Aufgaben des Regierungschefs auch noch die Funktionen des Reichspräsidenten übernahm und einen »Raum für die notwendigen großen diplomatischen und Staatsempfänge« benötigte. Allerdings existierte genau ein solcher Saal im gerade 160 Meter nördlich der Reichskanzlei gelegenen und kürzlich erst renovierten, nun aber leerstehenden Reichspräsidenten-Palais Wilhelmstraße 73. Daher musste Hitler einen anderen Grund für den Neubau des Festsaals haben, der so nah wie nur möglich am privaten Trakt des Palais Wilhelmstraße 77 entstehen sollte. Zwar enthalten die vollständig überlieferten Akten der Reichskanzlei darauf keinen direkten Hinweis, doch anzunehmen ist, dass der neue Bau vor allem ein anderes, viel wichtigeres Projekt tarnen sollte. Jedenfalls unterzeichnete Gall am 21. Juli 1935 seinen Entwurf für den neuen Festsaal, der am 29. Juli baupolizeilich genehmigt und umgehend umgesetzt wurde.[121]

Galls Pläne sind sehr spannend; die einen, nämlich vom Erdgeschoß, zeigen einen ganz gewöhnlichen Festsaal im Stile von Paul Ludwig Troost, ansonsten aber ohne spezielle oder irgendwie bemerkenswerte Ausstattung. Ganz anders wirken die Pläne vom Kellergeschoß.[122] Sie sahen unter dem Empfangssaal, umgeben von gewöhnlichen Kellerräumen und gegenüber ihnen etwa anderthalb Meter abgesenkt, einen großen Luftschutzraum vor. Die Baupläne wiesen für den Bunker bei Außenwänden von 1,20 Meter eine Innenlänge von 15,50 Meter, eine Innenbreite von 18,50 Meter und eine Innenhöhe von 3,08 Meter auf. Wände von 40 Zentimeter Stärke in Ost-West- und von 50 Zentimeter in Nord-Südrichtung teilten den Luftschutzraum in insgesamt 21 Räume auf, darunter ein Durchgangszimmer von 12 mal 3,60 Meter. Es war der mit

Abstand größte Raum in der Bunkeranlage. Beiderseits dieses Gangs gab es in den westlichen zwei Dritteln des Luftschutzkellers jeweils sechs kleine Zimmer mit annähernd quadratischem Grundriss und einer Größe von jeweils rund zehn Quadratmetern. Die nächsten beiden Räume Richtung Osten waren im Norden der Maschinen- und Luftfilterraum sowie im Süden die Küche und die Toiletten. Ein Badezimmer war in diesem Luftschutzkeller nicht vorgesehen. Das Durchgangszimmer schloss im Osten mit zwei massiven, annähernd 1,50 Meter im Quadrat messenden Betonstützen, zwischen denen die stählerne Schleusentür zu den Eingangsräumen montiert war.[123] Diese Vorräume lagen auf demselben Niveau, nämlich knapp sechs Meter unter dem Boden des Festsaals, und waren durch schwere Türen mit den umliegenden Kellerräumen verbunden.[124] Auf der anderen Seite, der westlichen Außenwand, waren zwei weitere Ausgänge vorhanden. Die Decke, wichtigster Teil jedes Luftschutzraumes, war schon in den Bauplänen mit einer Stärke von 1,60 Meter angegeben – und damit glatt doppelt so stark wie beim ersten Bunker des Dritten Reiches unter dem Reichsluftfahrtministerium, der beinahe gleichzeitig entstand. Rätselhaft aber bleibt, warum der Kostenvoranschlag für den Bau dieses Luftschutzkellers von Wand- und Deckenstärken von nur 60 Zentimetern ausging – möglicherweise ein Tippfehler oder der Versuch, die wahren Dimensionen des streng geheimen Projekts für den Fall eines Verrats zu kaschieren.[125] Das Dach des Festsaals be-

^ *Der Festsaal des Reichskanzlerpalais von 1935/36, kurz nach Fertigstellung. Im Keller lag Hitlers erster Luftschutzraum.*

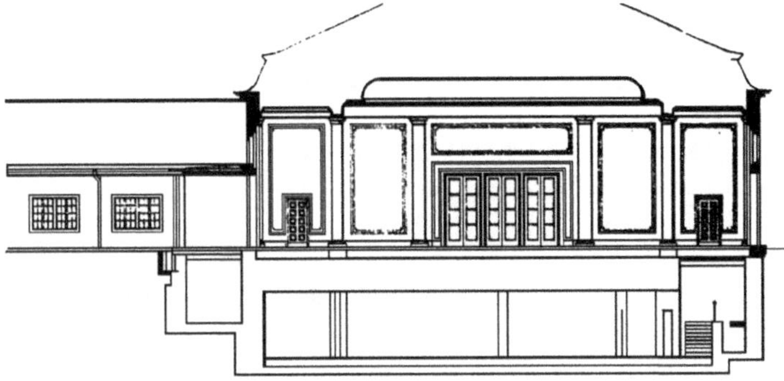

stand aus unbrennbaren Stahlprofilen und Kupferblechen sowie nur dünnen Stuckschichten; seine Last wurde zum großen Teil von den darunterliegenden Wänden des Bunkers aufgenommen, die also als Fundament dienten. Diese Konstruktion stellte sicher, dass im Falle eines Bombentreffers weder hölzerne Dachbalken noch schwere Schindeln den Bunker verschütten konnten. Für die Planung des oberirdischen Saals waren die vorgegebenen Maße des Schutzraumes bestimmend – das spricht dafür, dass Hitlers Interesse weniger dem Festsaal selbst galt und mehr dem Luftschutzkeller.[126]

In typischer Weise für das Finanzgebaren des Dritten Reiches wurden die Kosten für den Festsaal und den darunter liegenden Bunker aufgeteilt: »Soweit es sich um den Saalbau handelt, werden Mittel des Reiches nicht in Anspruch genommen. Dagegen sollen die durch die Anlage des Luftschutzkellers entstandenen Kosten auf Anordnung des Führers und Reichskanzlers aus Reichsmitteln bestritten werden«, schrieb der Chef der Reichskanzlei am 7. Mai 1936 an die Reichsbaudirektion.[127] In Wirklichkeit allerdings wurde auch der Saal nicht aus privaten Mitteln Hitlers bezahlt, sondern ebenso wie der alles in allem rund 1,4 Millionen Reichsmark teure Umbau der Reichskanzlei aus dem »Kulturfonds« des Regierungschefs, einer offiziellen »schwarzen Kasse«, die der Überprüfung durch den Rechnungshof nicht unterlag. Die Größenordnung des Projekts kann man daran ablesen, dass allein der Bunker 250.0000 Reichsmark kostete.[128]

^ *Schnitt durch den Festsaal mit dem darunterliegenden Luftschutzkeller (Montage), Stand vor der Erweiterung 1943*

Nun hatte die Reichskanzlei also einen eigenen Luftschutzraum – aber für wen? Immerhin war der Bunker nach den gültigen Luftschutzrichtlinien groß genug für 200 Personen; vorgesehen war bei nicht künstlich belüfteten Schutzräumen ein Raum von drei Kubikmetern pro Person, bei künstlich belüfteten wie diesem ein Minimalvolumen von zwei Kubikmetern.[129] Als für die dritte Septemberwoche 1937 eine offizielle Luftschutzübung im Regierungsviertel angesetzt wurde, hatten die Beamten der Reichskanzlei plötzlich ein Problem: War für sie Platz im Luftschutzkeller unter dem Festsaal? »Der Herr Reichsminister für Luftfahrt hat alle beteiligten Dienststellen und Behörden, insbesondere die Reichsdienststellen, gebeten, sich an den zivilen Luftschutzübungen im Rahmen des zur Zeit Möglichen vorbildlich zu beteiligen. Um auch in der Reichskanzlei die notwendigen Vorbereitungen treffen zu können, bedarf es der Klärung der Frage, ob der Schutzraum unter dem Saalbau Wilhelmstraße 77 auch für die Angehörigen der Reichskanzlei zur Verfügung steht oder ob er nur für den Führer und Reichskanzler und seine nähere Umgebung bestimmt ist. Herrn Staatssekretär mit der Bitte gehorsamst vorgelegt, die Entscheidung des Führers und Reichskanzlers in dieser Frage herbeiführen zu wollen«, hieß es in einer Aktennotiz vom 21. August 1937. Drei Wochen brauchte Lammers offenbar, um diese Frage mit Hitler zu klären; jedenfalls entstand am 11. September eine weitere Aktennotiz: »Zur einwandfreien Durchführung der Maßnahmen ist eine interne besondere Anordnung für die drei Dienstgebäude der Reichskanzlei Wilhelmstraße 77, Wilhelmstraße 78 und Voßstraße 1 erforderlich. Der Entwurf einer solchen Anordnung liegt bei. In der Anordnung ist vorgesehen, dass bei Fliegeralarm, der auch nachts eintreten kann, die Gefolgschaftsmitglieder und Hausbewohner von Wilhelmstraße 78 und Voßstraße 1 in die Ersatzschutzräume im Gebäude Wilhelmstraße 78 und Voßstraße 1 begeben, während die Bewohner des Reichskanzlerhauses Wilhelmstraße 77 den Schutzraum unter dem Saalbau aufsuchen.«[130] Viel verschämter konnte man es kaum ausdrücken. Der Luftschutzraum unter dem Festsaal war nur für »die Bewohner des Reichskanzlerhauses« bestimmt. Dort aber wohnte, außer einigen Wachen, Dienern und Ordonnanzen, ausschließlich eine Person: Adolf Hitler. Eine 1,60 Meter dicke Decke aus Stahlbeton, perfekt ge-

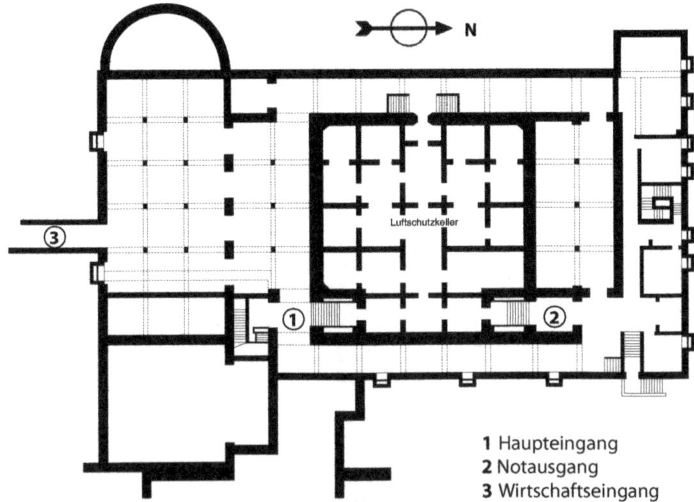

tarnt unter einem unverdächtigen Erweiterungsbau der Regierungszentrale, schützte den ersten Führerbunker. Wie oft ihn der Mann, für den er gebaut worden war, tatsächlich aufsuchte, ist nicht bekannt; Hitler erlebte nämlich 1940 bis 1944 nur vergleichsweise wenige Luftangriffen in Berlin – meist befand er sich, natürlich ein Zufall, auf dem Obersalzberg oder in einem seiner Führerhauptquartiere, wenn britische Bomber die Stadt attackierten. Am 10. und 23. März 1941 etwa hielt er sich in den Alpen auf. Zwischen dem 26. März und dem 4. April dagegen, als der japanische Außenminister Yosuke Matsuoka zu Besuch war, heulten die Sirenen kein einziges Mal. Am Abend des 9. April dann verließ er Berlin; wenige Stunden nach seiner Abreise begann ein schwerer RAF-Angriff. Auch während der nächsten Einsätze der britischen Bomber war Hitler nicht in der Hauptstadt: Am 10. Mai 1941, als 18 Menschen in Berlin durch Bomben ums Leben kamen, weilte er auf dem Obersalzberg, am 3. Juni (14 Tote) kehrte er gerade von einem Treffen mit Mussolini am Brenner nach Berchtesgaden zurück, und am 21. Juli hatte er bereits die Wolfsschanze in Ostpreußen bezogen. 1942 hielt er sich insgesamt nur 25 Tage in Berlin auf; während dieser Zeit gab es keinen einzigen Luftalarm. Im folgenden Jahr war es ähnlich: Vom 20. bis 22. März 1943 wohnte er in der Reichskanzlei – wieder einmal zwischen mehreren schweren Angriffen. Im Mai logierte Hitler zum zweiten und

^ *Im Keller des Festsaals hinter dem damaligen Haus Wilhelmstraße 76 entstand 1935/36 der Schutzraum für die Reichskanzlei.*

letzten Mal in diesem Jahr in der Reichskanzlei, diesmal sieben Tage. Doch weder zeigte er sich den Berlinern noch besichtigte er die Bombenschäden, und nennenswerte Angriffe gab es auch nicht. Während der Luftschlacht um Berlin 1943/44 kam Hitler kein einziges Mal in die Reichshauptstadt. Am 20. November 1943 hielt der Staatschef zwar die jährliche Rede vor Offiziersanwärtern, die bislang stets im Berliner Sportpalast stattgefunden hatte; nun war sie der Bombengefahr wegen nach Breslau verlegt worden. Danach reiste er zurück in die Wolfsschanze. Im ganzen Jahr 1944 kam der »Führer« nur zweimal in der Reichshauptstadt, Anfang Juli zum Staats-

begräbnis für Generaloberst Eduard Dietl sowie für knapp drei Wochen Ende November und Anfang Dezember. In dieser Zeit gab es zwar am 5. Dezember einen schweren Angriff der USAAF, der sich allerdings auf Industrieanlagen im Norden Berlins konzentrierte; Mitte war nicht betroffen.

^ *Der Bunker bildete einen Teil des Fundaments des Festsaals. Die Bunkerdecke ist in dieser Animation virtuell entfernt.*

WEITERE BUNKER IM REGIERUNGSVIERTEL

Der Luftschutzkeller unter dem Festsaal des Reichskanzler-Palais war nur der erste von rund einem Dutzend Bunkern auf dem Gelände der Ministergärten. Zwei wesentlich größere Schutzräume wurden schon knapp zwei Jahre später errichtet, als der Bau der Neuen Reichskanzlei begonnen wurde. Entgegen einer von Albert Speer nach Kräften verbreiteten Legende wurde der monströse Bau keineswegs innerhalb eines Jahres 1938/39 geplant, errichtet und ausgestattet.[131] In Wirklichkeit hatten Vorbereitungen für einen Erweiterungsbau entlang der Voßstraße schon Ende 1935 begonnen, also als der Festsaal mit dem ersten Führerbunker gerade im Bau war. Den ersten detaillierten Kostenvoranschlag für den mehr als 400 Meter langen Neubau reichte Speers Büro schon am 15. September 1937 ein.[132] Einen wahren Kern hatte die falsche Behauptung des Architekten aber doch, denn das riesige Bauvolumen wurde tatsächlich extrem schnell errichtet, allerdings ohne jede Behinderung durch Baubehörden und Gewerkschaften. Und selbstverständlich wurden auch unter dem Erweiterungsbau, ganz entsprechend der Gesetzeslage, Luftschutzkeller angelegt. Speers Bauleiter Carl Piepenburg begann mit den Bauarbeiten nach freihändigen Skizzen[133]; unter dem Mitteltrakt der Neuen Reichskanzlei mit Hitlers 390 Quadratmeter großem Arbeitszimmer und unter den neuen Eingangsbau in der Voßstraße entstanden je eine große Anlage. Vielleicht um diesen Teil der Bauarbeiten geheim zu halten, wurden besonders hohe Sichtschutzzäune um die Baustelle gezogen.

Der größere der beiden Bunker entstand unter der völlig überdimensionierten »Bürohalle« und den angrenzenden Räumen. Die Anlage umfasste auf einer Innenlänge von 106 Meter und einer Breite von 29 Meter 53 Räume; fünf ihrer Zugänge verbargen sich unter hydraulisch zu öffnenden Betonplatten auf dem Bürgersteig der Voßstraße. Auch einen für Laster geeigneten Autoaufzug gab es. Der Bunkerboden lag bei einer Deckenstärke von nun 1,70 Meter sechs Meter unter der Erde. In einer späteren Baubeschreibung hieß es: »Der Bunker ist durch drei 1,70 Meter starke Querwände in fünf Abschnitte gegliedert. Im zweiten und im fünften Abschnitt waren jeweils eine Luftfilter- und eine Wasserspeicheranlage installiert. Die Luftzuführung erfolgte von der Seite des Bunkers zur Voßstraße her. Der Bunker wurde mit elektrischem Licht versorgt. Entsprechende Einrichtungen lassen auch auf eine Eigenversorgung bei Stromausfall des öffentlichen Netzes schließen. Eine Heizungsanlage wurde nicht vorgefunden.«[134] Ob dieser Bunker eigentlich als künftiger Führerbunker gebaut wurde, ist unklar. Die Zugänge hin zur Voßstraße sprechen dagegen, ebenso die Tatsache, dass Hitler sich vergleichsweise selten in dem unpraktischen und nur für Inszenierungen geeigneten Arbeitszimmer in der Neuen Reichskanzlei aufhielt und viel öfter, wenn er denn überhaupt in Berlin weilte, im Reichskanzlerpalais.

Jedenfalls wurde der große Bunker unter der Neuen Reichskanzlei schon 1939 offiziell für die schutzsuchende Öffentlichkeit freigegeben und ab 1940 tatsächlich als »Mutter-Kind-Bunker« genutzt. Die Korrespondentin der Chicago Daily Tribune, Sigrid Schultz, berichtete ihren Lesern im September 1940 darüber: »Als ich an Hitlers Reichskanzlei vorbeiging, sah ich vier Busladungen Jungs und Mädchen vor dem Eingang, die quengelten und weinten. Junge SS-Männer halfen ihnen aus den Bussen und brachten sie hinein.«[135] Die Korrespondentin erkundigte sich, was vor sich gehe, und erfuhr, dass Abend für Abend Kinder in dem absolut bombensicheren Bunker untergebracht würden. Sie wären dort betreut und kämen am kommenden Morgen wieder zurück zu ihren Eltern.

Doch diese Nutzung fand nicht nur Befürworter, wie sich in den Akten der Reichskanzlei spiegelt: Ricardo Sloman, der zweite Vorsitzende des Hamburger »Nationalen Klubs«, warnte schriftlich den Chef der Reichskanzlei vor einer Öffnung des Bunkers unter dem Arbeitszimmer des »Führers« für die Öffentlichkeit. »Er befürchtet, dass von den für die Öffentlichkeit bestimmten Luftschutzräumen aus Sprengstoffattentate verübt werden könnten, die die darüber liegenden Räume und die sich darin aufhaltenden Personen gefährden könnten«, heißt es in einer Aktennotiz der Reichskanzlei: »Sloman regt daher an, die Luftschutzräume der Öffentlichkeit zu entziehen. Baurat Piepenburg hält eine solche Gefährdung bei der ungemein starken Konstruktion der Decken der Luftschutzräume

für ausgeschlossen.«[136] Der Architekt hatte natürlich Recht; die Decken waren so konstruiert, dass sie einer tausend Kilo schweren, mit mehreren hundert Stundenkilometern Tempo zu Boden fallenden Fliegerbombe widerstehen konnten. Maximal ein Zwanzigstel dieser Masse hätte ein Attentäter an Sprengstoff in den Bunker schaffen können, wenn er überhaupt hineingekommen wäre. Der große Bunker unter der Neuen Reichskanzlei blieb bis zum Endkampf im April 1945 für die Öffentlichkeit geöffnet; dort wurde unter anderem ein Bunkerlazarett eingerichtet.[137]

Die Öffnung der weitläufigen Anlage verärgerte viele Mitarbeiter der Regierungszentrale; Ende März 1943 – nach einem Großangriff der Royal Air Force – wurde beantragt, neben dem bisherigen einzigen Luftschutzraum für die Angestellten der Reichskanzlei einen weiteren Raum freizumachen. Der Hintergrund muss nicht unbedingt das Bedürfnis nach mehr bombensicherem Platz für die Mitarbeiter gewesen sein; am nächsten Tag nämlich verfasste ein Ministerialdirektor ein Schreiben, in dem es hieß: »Herr Reichsminister Dr. Lammers hat angeordnet, dass ein Teil der Einrichtungsgegenstände aus seinem Dienstgebäude Von-der-Heydt-Straße 18, insbesondere Bilder, Teppiche, Geschirr und Gläser sowie Bett- und Tischwäsche, bombensicher verwahrt werden soll. Da der Reichskanzlei in den Luftschutzkellern des Reichskanzleigebäudes nur ein Raum zur Verfügung steht, der aber bei Luftgefahr unbedingt für die Angehörigen der Reichskanzlei und für die im erweiterten Luftschutzdienst Tätigen benötigt wird, somit also als Lagerraum nicht in Frage kommt, bitte ich, in der Nähe des für die Reichskanzlei vorbehaltenen

Raums einen weiteren Raum in den Luftschutzkellern freizugeben, damit ich der Anordnung des Herrn Reichsministers wegen Unterbringung der Einrichtungsgegenstände nachkommen kann.«[138] Statt Menschen wollte Reichskanzlei-Chef Lammers also seine Preziosen im Luftschutzbunker vor den Folgen des Krieges schützen.

Neben dem Großen Bunker unter der Neuen Reichskanzlei gab es auch noch den Kleinen Bunker, der ebenfalls 1938 unter dem östlichsten Bauteil des Neubaus angelegt wurde, dem Block C, der direkt am Borsig-Palais anschloss, das an der Ecke Voß-/Wilhelmstraße lag. Diese Bunkeranlage, mit Innenmaßen von 20 mal 60 Metern[139] keineswegs »klein«, lag südlich des Ehrenhofs der Neuen Reichskanzlei, nicht nördlich davon teilweise unter dem Speise- und dem Mosaiksaal, wie oft falsch dargestellt.[140] In diesem Bunker fanden im Frühjahr 1945 der Stab der Reichskanzlei und das engere Umfeld Hitlers unter gleichfalls 1,70 Meter starkem Stahlbeton ein sicheres Quartier. Ebenfalls dort schlug SS-Brigadeführer Wilhelm Mohnke, der letzte Kampfkommandant der Reichskanzlei, sein Hauptquartier auf. In zahlreichen Tresoren in diesem Bunker wurden Geheimunterlagen verwahrt. Über die Kelleranlagen der Neuen Reichskanzlei waren die beiden Bunker miteinander verbunden; wie auch der Luftschutzkeller unter dem Festsaal hinter dem Reichskanzlerpalais waren sie umschlossen von weiteren unterirdischen, aber nicht besonders geschützten Räumen. Dazu zählten der Klimaanlagenraum und der sogenannte Kannenberg-Gang, ein schmaler und langer Wirtschaftsgang zwischen den Kelleranlagen des Alt- und des Altbaus, benannt nach dem Hausintendanten der Reichskanzlei, Arthur Kannenberg. Dieser Gang aus vorgefertigten Betonelementen war etwa 70 bis 80 Meter lang, 2,30 Meter hoch und nur 1,20 Meter breit. Seine Decke war nicht bombensicher, 80 Zentimeter Erde darüber genügten ebenfalls nicht als Schutz. Trotzdem konnte man im April 1945 durch diesen Gang ohne allzu großes Risiko von den Bunkern unter der Neuen Reichskanzlei in Richtung Führerbunker gelangen, obwohl er beschädigt war und Grundwasser eindringen konnte, so dass Holzbohlen verlegt werden mussten.[141]

Auf dem bis dahin nie bebauten Gelände der Ministergärten wurden während des Zweiten Weltkriegs noch weitere Bunker errichtet. Das Auswärtige Amt zum Beispiel ließ eine kleine Schutzanlage im Innenhof des Gebäudes Wilhelmstraße 76 bauen, nur wenige Dutzend Meter vom Führerbunker entfernt. Sie umfasste sieben Räume und einen Tresorraum, war sieben Meter breit und etwa 13 Meter lang. Ein weiterer kleiner Bunker für Diplomaten entstand auf dem Grundstück Wilhelmstraße 75. Hinter dem ehemaligen Reichspräsidentenpalais errichteten Bauarbeiter wohl in den ersten Kriegsmonaten 1939/40 eine Anlage aus zwei Bunkerräumen; möglicherweise handelte es sich um den Privatbunker von Reichsaußenminister Joachim von Ribbentrop, der das Palais Wilhelmstraße 73 übernommen hatte.[142]

Falls das so war, dürfte sich hier eine bemerkenswerte Episode abgespielt haben: Während des dreitägigen Besuches des sowjetischen Außenministers Wjatscheslaw Molotow beim Verbündeten Hitler heulten am 13. November 1940 um 20.37 Uhr die Sirenen; die deutschen Zeitungen hatten die Visite angekündet und so der RAF einen perfekten Anlass für eine Attacke geliefert. Für den Abend war eine Zusammenkunft in der sowjetischen Botschaft Unter den Linden angesetzt. Was dann passierte, ist in mehreren Versionen überliefert. Der offiziellen deutschen Fassung zufolge, die am nächsten Morgen den Auslandskorrespondenten mitgeteilt wurde, heulten die Sirenen während des Abschluss-Diners zu Ehren von Außenminister Joachim von Ribbentrop in der sowjetischen Botschaft Unter den Linden. »Der Empfang ging weiter, als wäre nichts geschehen«, fasste die Nachrichtenagentur United Press die deutsche Pressemitteilung zusammen, »die Gäste suchten nicht den Luftschutzkeller auf.«[143] Der US-Radio-Journalist William Shirer hörte von seinen Berliner Informanten eine etwas ausgeschmückte Variante: »Molotow lehnte es ab, in den Luftschutzkeller zu gehen und sah sich das Feuerwerk stattdessen lieber von einem abgedunkelten Raum aus an. Die Briten vermieden vorsichtig, irgendetwas in der Nähe abzuwerfen.«[144]

Nach der vertraulichen Zusammenfassung des deutschen Dolmetschers, Botschaftsrat Gustav Hilger, dagegen gingen Ribbentrop und Molotow, als die Sirenen Voralarm signalisierten, in Ribbentrops Bunker und setzen dort ihre Besprechung fort. Als sie alle offenen Fragen besprochen hatten, »verabschiedete sich Herr Molotow in herzlicher Weise von dem Herrn Reichsaußenminister und betonte, dass er dem Luftalarm nicht gram sei, weil er diesem eine so ausgiebige Unterredung« mit Ribbentrop verdanke.[145]

Eine vierte Version berichtete Molotow Stalin, der sie anderthalb Jahre später seinem an Hitlers Stelle getretenen Verbündeten Churchill bei dessen erstem Moskau-Besuch weitererzählte. Als der Alarm ertönte, führte Ribbentrop dieser Fassung zufolge Molotow über lange Treppenfluchten zu einem tiefen, luxuriös eingerichteten Schutzraum. Als sie in den Bunker eintraten, hatte der Angriff schon eingesetzt. Er schloss die Türe und sagte zu Molotow: »Jetzt sind wir hier allein. Warum sollten wir die Welt nicht teilen?« Molotow erwiderte: »Was wird England dazu sagen?« Für Ribbentrop war das kein Problem: »England ist erledigt. Es kommt als Großmacht nicht mehr in Betracht.« Das überraschte den sowjetische Außenminister: »Wenn es so ist«, erwiderte er, »warum sind wir dann in diesem Schutzraum, und wessen Bomben sind es, die herunterfallen?«[146] Ribbentrops Antwort überlieferte Molotow nicht. Jedenfalls war die Stimmung gespannt, als der Gast am folgenden Tag Berlin wieder verließ.

Einen weiteren Bunker gab es am Nordrand der Ministergärten, in der Nähe der pompösen Dienstvilla des Propagandaministers Joseph Goebbels. Eigentlich handelte es sich um einen reinen Privatbunker für seine Familie; zusätzlich hatte er noch einen Dienstbunker unter dem Wilhelmplatz. Anfang Februar 1945 aber hatte sich das offenbar geändert, denn nun diktierte der Propagandaminister seinem Sekretär: »Auch in unserem Bunker sieht es jetzt sehr bunt und lebendig aus. Er ist voll von Kindern. Unsere Kinder freuen sich natürlich darüber, dass sie durch die Kinder der aus dem Osten heimgekehrten Familien des Personals neue Gespielen bekommen haben.«[147] Während der Straßenkämpfe um Berlins Innenstadt Ende April 1945, als die Familie Goebbels in den Führerbunker umgezogen war, richtete in dem bomben- und granatensicheren Bau mit guten Telefonverbindungen eine der dezimierten Waffen-SS-Divisionen ihren Gefechtsstand ein, die das Regierungsviertel gegen die Rote Armee verteidigte.

Ebenfalls auf dem Gelände der Ministergärten existierte noch der sogenannte Fahrerbunker. Er wurde im Winter 1943/44, auf dem Höhepunkt der »Luftschlacht um Berlin«, in die großen Tiefgaragen der Fahrbereitschaft der Reichskanzlei eingebaut – wohl um das Personal des Fuhrparks in relativer Sicherheit zu wiegen, das im denkbaren Fall einer Flucht von Hitlers Hofstaat von entscheidender Bedeutung sein würden. Dazu kam es aber nie; und in den endlosen Stunden des Wartens beschäftigten sich die SS-Soldaten mit naiven, von nationalsozialistischer Männlichkeits- und Kriegsideologie geprägten Wandmalereien.

Obwohl es viele Bunker auf dem Gelände der Ministergärten tatsächlich gab, so wurden noch mehr vermutet.[148] Den oft erwähnten »Bunker für ziviles Personal« im Garten etwas nördlich des großen Brunnenbeckens gab es nie; auch war keineswegs der gesamte Riesenbau Albert Speers mit Schutzräumen unterkellert – bei den meisten zur Voßstraße hin mit kleinen Fenster versehenen und auf der Gartenseite sogar ebenerdig gelegenen Räumen handelte es sich um ganz normale Wirtschafts- und Versorgungstrakte. Von insgesamt 46, von verschiedenen Zeitzeugen genannten angeblichen Bunkeranlagen auf dem Gelände zwischen Unter den Linden und Voßstraße jedenfalls konnten nur 17 unterirdische Bauten bestätigt werden, von denen sich zudem einige als normale Keller erwiesen.[149]

DER ZWEITE FÜHRERBUNKER

Zum ersten Mal seit Monaten griff die Royal Air Force am 16. und 17. Januar 1943 wieder die Reichshauptstadt an.[150] Die beiden Attacken waren mit jeweils etwas mehr als hundert Flugzeugen klein im Vergleich zu den Bombardements, die im Jahr zuvor Städte wie Köln, Lübeck, Rostock oder Emden verwüstet hatten; sie waren geradezu lächerlich im Vergleich zu dem Verderben, das in den folgenden zweieinhalb Jahren aus alliierten Bombenschächten auf Deutschlands Städte herabfallen sollte. Aber diese beiden Attacken machten auf Adolf Hitler offenbar großen Eindruck. Bei der nächsten turnusmäßigen Konferenz mit seinem Rüstungsminister Albert Speer im Hauptquartier Wolfsschanze, die zufällig am 18. Januar 1943 stattfand, gab der »Führer« eine klare Weisung aus, die Speers Mitarbeiter so zusammenfassten: »Da der Luftschutzbunker in der Reichskanzlei nur eine Deckenstärke von 1,6 Meter hat, ist im Garten sofort ein Bunker nach den neuen Abmessungen (3,5 Meter Decke, 3,5 bis vier Meter Seiten), aber mit denselben inwendigen Abmessungen wie der jetzt vorhandene Führerbunker zu bauen. Piepenburg soll die Bauleitung übernehmen.« Das Vorhaben hatte offenbar höchste Priorität, denn schon drei Wochen später, bei der Sitzung in der Nacht vom 6. auf den 7. Februar 1943, informierte Speer den Diktator über vorgesehene Details, die Hitler mit geringfügigen Modifikationen genehmigte. So sollten vor allem zusätzliche Stahlträger in voller Länge die Innenbreite des Bunkers überspannen und damit für eventuelle Volltreffer die Belastbarkeit der ohnehin großzügig dimensionierten Innenwände weiter erhöhen. Außerdem ordnete Hitler an, dass weitere Luftschutzräume in der Reichskanzlei verstärkt werden sollten – »unter Verzicht auf Höhe und Nutzfläche«.[151] Tatsächlich wurde daraufhin die Decke des alten Luftschutzkellers in zwei Stufen verstärkt; zuerst wurde eine Schicht Eisenbahnschienen darauf gelegt und einbetoniert, darüber kam eine weitere Stahlbetonschicht, so dass der wichtigste Teil des Vorbunkers schließlich ziemlich genau zwei Meter stark war. Dass der Festsaal nun nicht mehr nutzbar war, störte augenscheinlich nicht.

Überlegungen über einen neuen, verstärkten Bunker in der Reichskanzlei hatte es offensichtlich schon vorher gegeben. Jedenfalls gab es im Januar 1943 keine Beratungen über Ort und Bauart des Bunkers; klar war, dass im Garten hinter dem Festsaal des Reichskanzler-Palais, also auf dem Grundstück Wilhelmstraße 76, gebaut und dass der 1935/36 darunter gebaute erste Führerbunker einbezogen werden sollte. Die neue Anlage würde also aus zwei sehr ähnlichen, nur in der Stärke der Wände und Decken unterschiedlichen Bauteilen bestehen, die fortan meist als Vor- und Hauptbunker bezeichnet wurden. Sehr schnell wickelte das Rüstungsministerium die Bauvorbereitungsphase ab, denn schon im April 1943 gab Bauleiter Piepenburg die ersten Bestellungen für rationiertes Baumaterial zur Lieferung an »Hochtief A.G., Baustelle Reichskanzlei, Hermann-Göring-Straße« auf. Zahlreiche formlose Bestellzettel aus den folgenden knapp zwei Jahren haben sich in den Akten der Reichskanzlei erhalten; sie erlauben einen genauen Überblick über die tausenden Tonnen vor allem an Stahl, Zement, Sand und Kiesel, die Piepenburg von zahlreichen Arbeitern der Organisation Todt im Garten versenken ließ.[152]

Originale Baupläne des Führerbunkers sind dagegen bisher nicht aufgetaucht; weder in den Bauakten der Reichskanzlei, in denen sogar einzelne Materialbestellungen abgeheftet wurden und erhalten blieben, noch im Archiv des verantwortlichen Bauunternehmens Hochtief.[153] Möglicherweise wurden ordnungsgemäße Risse nie erstellt. Jedenfalls vermerkte eine Aktennotiz der Abteilung VII des Reichsfinanzministeriums vom 5. Juni 1944: »Der Kostenanschlag (ohne Zeichnungen und Einzelberechnungen) konnte infolge der Kriegsverhältnisse

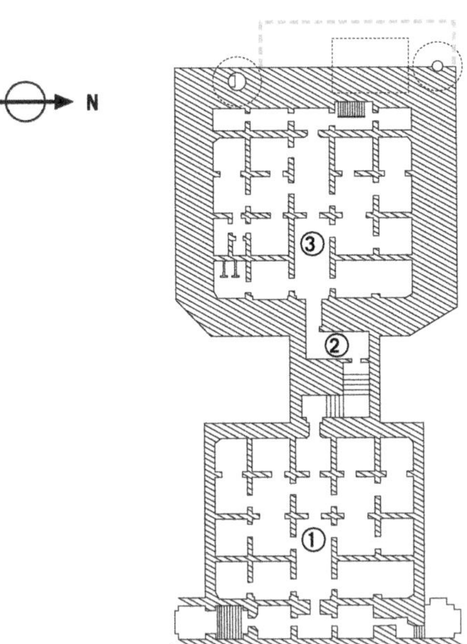

von der Bauleitung nicht rechtzeitig fertiggestellt werden. Einsender ist der Auffassung, dass von der nachträglichen Anfertigung bzw. Beibringung von Zeichnungen, Einzelberechnungen usw. nach Lage der Sache abgesehen werden kann. Der Kostenanschlag scheint nach den Preisen der Verdingungen und den Abrechnungen aufgestellt zu sein.«[154] Da Piepenburg schon vor dem Krieg die beiden Luftschutzkeller im Fundament der Neuen Reichskanzlei nach Handzeichnungen hatte beginnen lassen, hätte er wohl auch den zweiten Führerbunker nach den vorhandenen und lediglich modifizierten Plänen für den Luftschutzkeller unter dem Festsaal ausführen lassen können. Denn falls es tatsächlich detaillierte Pläne gegeben hätte, wäre eine »nachträgliche Anfertigung« eben nicht nötig gewesen.

Weil keine Baupläne bekannt sind, muss man bei der Beschreibung des Führerbunkers neben oft allerdings unzuverlässigen Schätzungen von Augenzeugen vor allem auf die Untersuchungen zurückgreifen, die Anfang der 1970er-Jahre im Auftrag der DDR-Ministeriums für Staatssicherheit vorgenommen wurden, und auf Messungen, die der Ost-Berliner Grafiker Erhard

^ *Die unterirdische Struktur des Führerbunkers ab 1944. Der Hauptbunker ist weitaus stärker geschützt als der Vorbunker.*

Schreier 1988 während des Teilabrisses der Bunkeranlagen vornahm.[155] Angesichts des schlechten Zustandes des Hauptbunkers Jahrzehnte nach seiner Errichtung waren jedoch auch diese Werte eher Näherungswerte als exakt.

Der neue Bunker wurde genau westlich des alten Luftschutzkellers unter dem Festsaal im Garten des südlichsten der drei Gebäude des Auswärtigen Amtes in der Wilhelmstraße errichtet. Um die Arbeit zu beschleunigen, hob man einfach eine nie zuvor bebaute Fläche aus; der für die Stabilität des Festsaals nötige Abstand zwischen dem ersten und dem zweiten Führerbunker wurde für eine massive Treppe genutzt. Denn der neue Bauteil wurde deutlich tiefer gelegt als der alte; die Sohle lag 8,50 Meter unter Bodenniveau und damit rund zweieinhalb Meter unter der Sohle des alten Luftschutzkellers. Eine dreifach um jeweils 90 Grad gewinkelte Treppenanlage führte mit neun bis zwölf geraden Stufen vom alten zum neuen Bunker[156]; eine Wendeltreppe, wie oft beschrieben, gab es hier nie.[157] Allerdings ist nachzuvollziehen, dass Augenzeugen angesichts der Bedrängtheit in diesem gerade 2,35 Meter breiten, aber 2,80 Meter hohen Abgang den Eindruck gewinnen konnten, in einer Wendeltreppe zu sein – zumal man beim Abwärtsgehen tatsächlich zweimal nach links und zweimal nach rechts wenden musste. Am Eingang zur Treppen wie an ihrem Übergang in den neuen Bunker waren massive, gassichere Stahltüren installiert; Schießscharten oder derlei waren jedoch nicht vorgesehen. Es handelte sich bei beiden Bunkern um Luftschutzkeller, nicht um Festungsanlagen.

Die Innenbreite des neuen Bunkers betrug knapp 20 Meter, die Innenlänge 15,60 Meter, die Bruttoinnenfläche also rund 300 Quadratmeter. Bei Wandstärken von vier Metern[158] ergab sich ein ungefähres Außenmaß einschließlich des Ausgangs in den Garten von etwa 28 Meter Breite und 23,60 Meter Länge. Die nutzbare Fläche war jedoch geringer, als diese Maße erwarten lassen. Denn alle Innenwände waren 50 Zentimeter stark, um die Decke bei direkten Treffern mit überschweren Bomben zu stützen. Tatsächlich gelang es 1944/45 alliierten Fliegerstaffeln, mit speziellen Sprengkörpern U-Boot-Bunker an der französischen Atlantikküste und in Norddeutschland zu beschädigen, die sechs bis sieben Meter starke Decken

hatten.[159] Diese Bunker hatten allerdings, weil sie stets mehrere Wasserflächen von mindestens zehn, oft fast 20 Metern Breite überspannen mussten, gerade keine dicht beieinander stehenden Zwischenwände, sondern nur Stahlträger, die den Druck bei Treffern verteilen sollten. Für den Hauptbunker im Garten der Reichskanzlei wollte man trotzdem ganz sicher gehen: Zusätzlich zu den ohnehin vorgesehenen massiven Innenwänden wurden über die gesamte Breite 20 Zentimeter hohe Stahlträger eingezogen, die jeweils um 90 Grad versetzt lagen. Sie lagerten auf 25 Zentimeter in die Bunkerwände eingelassenen Konsolen. Die Innenwände brauchten geschätzt etwa 35 Quadratmeter der Bruttofläche, für die Maschinen- und Luftfilteranlage weitere etwa 20 Quadratmeter. Damit blieb eine nutzbare Fläche von knapp 250 Quadratmetern, auf denen etwa 20 Räume untergebracht waren – je nachdem, wie man die Bereiche am Übergang zum alten Luftschutzkeller und am Gartenausgang zählt. Großzügig war der Bunker also kaum, wenn er auch den einzelnen Insassen bei weitem mehr Platz bot als jeder andere Berliner Luftschutzraum. Die Innenhöhe betrug 2,85 Meter und machte damit weniger als ein Drittel der gesamten Bauhöhe aus. Denn die Bodenplatte maß wahrscheinlich 3,50 Meter, die Decke bestand aus 3,80 Meter Stahlbeton und der Zusatzdecke aus Stahlträgern von rund 20 Zentimetern.[160]

An der Oberfläche im Garten selbst waren vom zweiten Führerbunker nur wenige Teile zu sehen: der Gartenausgang, einige Zu- und Abluftschächte sowie mehre unfertige Bautei-

^ *Der Hauptbunkers mit seinen 50 cm starken Zwischenwänden, aber noch ohne die Bunkerdecke (Animation)*

le, darunter ein zylindrischer, mit einem kegelförmigen Dach versehener Betonturm. Häufig galt diese Konstruktion als Notausgang oder als Beobachtungsturm – doch ein Notausgang konnte er schon deshalb nicht sein, weil ein solcher Ausstieg nur wenige Meter vom eigentlichen, quaderförmig verbunkerten Gartenausgang wenig sinnvoll gewesen wäre. Denn eine Bombe, die diesen massiven Betonklotz zerstören konnte, hätte so stark sein müssen, dass auch der runde Betonturm umgestürzt worden wäre. Allerdings gab es tatsächlich einen engen Aufstieg mit Eisensprossen in diesem Betonturm, die im Wachlokal des Reichssicherheitsdienstes, Hitlers eigentlichem Personenschutz, an der Schleuse zum Hauptbunker endete.[161] Handelte es sich also um einen Beobachtungsturm? Das wäre theoretisch möglich, erscheint aber unwahrscheinlich, denn die Stiege war lediglich mit einer Luke an der Ostseite des Turms 1,60 Meter über der Erde verbunden, nicht aber mit weiteren Öffnungen, die meistens als Schießscharten fehlgedeutet wurden. Da der Betonturm bereits zwei Jahre nach Kriegsende beim ersten Sprengversuch schwer beschädigt wurde, konnte die genaue Konstruktion nicht geklärt werden.[162]

Der Berliner Führerbunker war trotz seiner imponierenden Maße weder der stärkste noch der größte im Dritten Reich errichtete Schutzbau. Bis zu sieben Meter stark war die Decke des mehrfach verbesserten Hitler-Bunkers im Führerhauptquartier Wolfsschanze.[163] Im nur für einen Tag genutzten

^ *Blick auf die oberirdischen Teile des Hauptbunkers: der Gartenausgang (li.) und der fertiggestellte Belüftungsturm*

Führerhauptquartier Wolfsschlucht 2 im französischen Margival sollten immerhin 3,50 Meter Beton den Diktator für den Fall eines Luftangriffs schützen.[164] Zwei Startanlagen für die Vergeltungswaffe V-2 in Eperleques und in Wizernes erhielten Deckenstärken von vier und 5,80 Meter.[165] Die mächtigsten U-Boot-Bunker sollten durch eine insgesamt mehr als sieben Meter starke Doppeldecke aus Stahlbeton und – nach einer persönlichen Idee Hitlers – zusätzlich durch mit Schotter gefüllte Kammern zwischen beiden Decken absoluten Schutz gegen überschwere Bunkerknackerbomben bieten.[166] Sie waren zusammen mit den bis zu 50 Meter hohen Flaktürmen in Berlin, Wien und Hamburg auch die mächtigsten Betonbauwerke, die im Machtbereich des Großdeutschen Reiches gebaut wurden.[167] Für die drei Gefechtstürme in Berlin, im Tiergarten, im Friedrichs- und im Humboldthain wurden jeweils über 100.000 Kubikmeter Betongrundstoffe und 10.000 Tonnen Stahl verbraucht; der Stückpreis lag bei rund 40 Millionen Reichsmark. Dabei sind die jeweils zusätzlich nötigen, etwa halb so großen Feuerleittürme noch nicht einmal eingerechnet. Verglichen damit war der neue Hauptbunker unter der Reichskanzlei fast bescheiden: Verbaut wurden weniger als 10.000 Kubikmeter Zement, Stahl, Sand und Kiesel, bei Kosten von insgesamt 1,4 Millionen Reichsmark.[168] Allerdings fanden in jedem der drei großen Flakbunker Berlins während der Bombenangriffe 15.000, zu Ende des Krieges in drangvoller Enge sogar noch deutlich mehr Menschen ein Stückchen Sicherheit, während der Führerbunker genau einen Mann schützen sollte.

Auch ein Bunkerbau mitten im Krieg musste natürlich ordnungsgemäß abgerechnet werden; jedenfalls, was das Honorar des Architekten anging. Schon am 29. April 1943 hatte Rüstungsminister Speer an seinen Kabinettskollegen, den Chef der Reichskanzlei Hans-Heinrich Lammers, geschrieben: »Lieber Herr Reichsminister, für die Entwurfsbearbeitung und Bauleitung des neuen Bunkers im Garten der Reichskanzlei bestimme ich für den Architekten Piepenburg lt. Gebührenordnung folgende Honorarordnung: 2,3 Prozent [der Gesamtkosten des Baus] für Entwurfsbearbeitung, 1,5 Prozent für die Bauleitung und Abrechnung. Ich bitte, dem Architekten Piepenburg bis zur Fertigstellung des Bunkers eine Abschlagszahlung in Höhe von 20.000,- Reichsmark zu überweisen.«[169]

Gegenüber einem früheren Auftrag, für ein Kinderheim in Buckow einen Luftschutzraum auszubauen, war Piepenburgs Honorar anteilig gesunken. Dafür hatte er im April 1941 noch 5,5 Prozent der Gesamtkosten berechnet.[170] Der Grund könnten entweder die insgesamt fast vierzigmal so hohen veranschlagten Kosten von 1,1 Millionen Reichsmark gewesen sein oder die Berechnung nach Bauklasse I für »einfachste Bauten«.[171] Jedenfalls stellte Piepenburg am 30. September 1944 offiziell ein Gesamthonorar von 51.296 Reichsmark in Rechnung, exakt 3,8 Prozent der tatsächlichen Gesamtkosten von 1.349.899,29 Reichsmark. 17 Pfennige erließ der Bauleiter seinem Auftraggeber großzügig.[172]

Die Innenausstattung des Hauptbunkers war bescheiden. Parkett wie beispielsweise im Bunker des Rüstungsministeriums am Pariser Platz gab es nicht.[173] Die erhaltenen Berichte von Mitarbeitern des engsten Kreises um Hitler und gelegentlicher Besucher sowie die Untersuchungen alliierter Nachrichtenoffiziere und ihre Fotos deuten auf einen kompletten Kontrast zu den typisch nationalsozialistischen Raum- und Ausstattungsinszenierungen hin. Selbst im Vergleich zum bereits sehr gebrauchsorientiert eingerichteten Hitler-Quartier im Führerhauptquartier Wolfsschanze war der Bunker ausgesprochen einfach. In Ostpreußen hatte der Diktator noch eine ordentliche verbunkerte Raumflucht. Dazu zählten ein geräumiges, wenn auch im Vergleich zu seinen früheren Ansprüchen winziges Arbeitszimmer mit Besprechungsecke, ein Schlaf- und ein Badezimmer, ein separater großer Lageraum, ein ebenfalls separat gelegenes Speisezimmer und einige Räume für seine engste Umgebung bildeten eine komfortable, keineswegs aber luxuriöse Unterkunft. Der Boden dieses Bunkers war mit grobem Teppich oder Bohlen ausgelegt; schlichte, aber gute Möbel gaben den Räumen in der Wolfsschanze wenigstens den Charakter einer gehobenen Wehrmachtsunterkunft.[174] »Erholen« konnte sich der Führer ja während des Krieges immer wieder in seiner Privatresidenz auf dem Obersalzberg, die beinahe so großzügig ausgebaut worden war wie die Räume an der Berliner Voßstraße.

Der Boden im Führerbunker in Berlin dagegen war mit hellen Steingutfliesen belegt. Das war vorausschauend, denn weil der Betonklotz im Berliner Grundwasser lag, blieb er immer feucht. Solange der Bunker benutzt wurde, pumpten doppelt vorhandene Anlagen einsickerndes Wasser stets ab, doch an der unangenehmen Feuchtigkeit im Inneren änderte das nichts. Als die Pumpen Anfang Mai 1945 abgestellt wurden, sammelte sich rasch Wasser auf dem Boden. Anfang Juli 1945 stand es schon eine Handbreit hoch; später lief die Betonhöhle bis auf eine Höhe von 2,35 Meter voll.[175]

Auch an der Bauausführung war gespart worden – vermutlich eher aus Zeitmangel denn aus Bescheidenheit. Die Wände waren teilweise hellgrau gestrichener, teilweise nackter Beton; verputzt wurden offensichtlich nur wenige Wände. Auf verschiedenen Fotos aus der Bunkeranlage von 1945, von Anfang der 1970er-Jahre und von 1988 kann man eindeutig Abdrücke von Verschalungsbrettern erkennen. Der Eingang vom Garten aus dagegen war mit weißen Fliesen gekachelt, zwei Wände im Treppentrakt zwischen Vor- und Hauptbunker waren möglicherweise mit Restbeständen des roten Marmors verkleidet, der für die Neue Reichskanzlei angeschafft worden war.

Noch beklemmender als die Bauausführung war gewiss die Enge der Zimmerchen; selbst Hitlers Privaträume waren gerade einmal jeweils rund zehn Quadratmeter groß, bei drei Metern Höhe. Traudl Junge erinnerte sich an ihre Eindrücke: »Abends kamen pünktlich wie die Uhrzeiger die feindlichen Flugzeuge. Wir mussten mit Hitler in seinem kleinen Wohn- und Arbeitszimmer im Bunker essen. Es war ein einziger Raum, der im tiefsten Kern des neuen Führerbunkers lag. Wenn wir nicht vom Park aus direkt durch das Treppenhaus hinunter stiegen in die unterirdische Festung, mussten wir durch die Küche der Führerwohnung und etliche verschlungene Korridore in den früheren Luftschutzkeller hinuntersteigen. Dann gelangte man in einen breiten Korridor, der rechts und links verschiedene Mannschaftsräume und Zimmer barg, und von hier aus wieder einige Treppenabsätze tiefer in den eigentlichen neuen Führerbunker. Schwere Eisentüren führten zu einem breiten Gang. Links eine Tür zu den Toiletten, rechts der Maschinenraum mit den Licht- und Lüftungsanlagen, dann kam die Tür zur Telefonzentrale und zum Dienerzimmer. Von hier aus ging es weiter zu einem allgemeinen Aufenthaltsraum, den man durchqueren musste, wenn man in das Zimmer Professor Morells, den Arztraum und einen kleinen Schlafraum für die Mannschaften gelangen wollte. Dieser Teil des Bunkers war wieder durch schwere Eisentüren zu schließen, die aber meistens offen standen. Danach kam der Teil des Korridors, der zu Hitlers Räumen führte. Er wurde gleichzeitig als Warte- und Aufenthaltsraum benutzt. Ein breiter roter Läufer bedeckte die Steinfliesen. An der rechten Längswand hingen die kostbaren Gemälde, die aus den oberen Räumen der Führerwohnung und der Reichskanzlei hierher in Sicherheit gebracht worden waren. Schöne Sessel standen in Reih und Glied darunter. Von diesem Korridor also führten die Türen zu Hitlers Räumen. Sein Arbeitszimmer betrat man vom Gang aus durch einen kleinen Vorplatz. Es war ein etwa drei mal vier Meter großer Raum mit einer niedrigen Decke, die aufs Gemüt drückte. Wenig Mobiliar fand darin Platz. Rechts neben der Tür stand ein Schreibtisch an der Wand, gegenüber ein dreisitziges Sofa mit blauweiß gemusterten Leinenpolstern, das eher eine Sitzbank war. Davor ein rechteckiger Tisch und drei Sessel. Ein Tischchen, rechts vom Sofa, auf dem ein Radio stand, vervollständigte die Einrichtung. Rechts führte eine Tür zu Hitlers Schlafzimmer, das keinen eigenen Eingang vom Korridor aus hatte und das ich nie betreten habe. Links gelangte man in Hitlers Bad, von da aus in einen kleinen Ankleideraum, der sich an Eva Brauns Bunkerwohnung anschloss.«[176]

Eine andere der vier persönlichen Sekretärinnen im Bunker, Christa Schroeder, erzählte über das Wohnzimmer des Führers: »Hitler bewohnte einen sehr engen Raum, in dem nur ein kleiner Schreibtisch, ein schmales Sofa, ein Tisch und drei Sessel Platz hatten. Der Raum war kalt und ungemütlich. Auf der linken Seite führte eine Tür ins Badezimmer, auf der rechten eine andere in ein ebenfalls sehr enges Schlafzimmer. Das Arbeitszimmer wurde völlig beherrscht von einem Bildnis Friedrichs des Großen, das über dem Schreibtisch hing. Mit seinen großen traurigen Augen blickte der Alte Fritz mahnend herab. Die bedrückende Enge des Raumes und die ganze Stimmung wirkten sehr deprimierend. Wenn jemand durch das Zimmer gehen wollte, mussten die Sessel weggerückt werden.«[177] Das

Friedrich-Porträt stammte von Anton Graff, der in der zweiten Hälfte des 18. Jahrhundert Hofmaler am sächsischen Hof in Dresden gewesen war. Das Original war seit 1898 verschwunden; Hitler hatte 1934 eine Replik gekauft, die wahrscheinlich vom Künstler selbst stammte. Das Porträt begleitete ihn stets auf Reisen, von Hauptquartier zu Hauptquartier. In den Wirren des Kriegsendes verschwand das Bild, das der »Führer« wohl am 22. April 1945 seinem persönlichen Piloten Hans Baur vermacht hatte.[178]

Die Inneneinrichtung des Hauptbunkers war tatsächlich ein Sammelsurium. Die meisten Zimmerchen waren relativ vollgestellt; in Eva Brauns Schlafzimmer zum Beispiel stand eine große Kommode, ein Bett, ein Sessel mit Seiten aus Korbgeflecht, auf dem Boden lag ein bunt gemusterter Teppich, der aber in dem naturgemäß fensterlosen und drückend grauen Raum auch keine Verbesserung der Atmosphäre herbeiführen konnte. Albert Speer vermerkte zwar in seinen Erinnerungen: »Der Raum war freundlich eingerichtet, sie hatte sich die aufwendigen Möbel vom oberen Geschoß mitgenommen, die ich ihr vor Jahren für ihre zwei Räume in der Kanzlerwohnung entworfen hatte.« Allerdings musste auch der Architekt eingestehen: »Weder die Proportionen noch die ausgewählten Furniere wollten zu der düsteren Umgebung passen. Zu allem Überfluss zeigte eine der Intarsien auf den Türen der Kommode ihre Initialen zu einem Glücksklee stilisiert.«[179] Hitlers Schlafzimmer enthielt ein einfaches Bett, einen Schrank, einen Tresor, einen Teetisch mit zwei Stühlen und eine Sauerstoffflasche, die der Diktator aus Angst vor dem Ersticken im Bunkerraum hatte aufstellen lassen. Im Lagezimmer wurde die eine Seite der geringen Fläche vom Lagetisch eingenommen; außerdem gab es eine im rechten Winkel dazu aufgestellte Wandbank und ein paar Stühle. Ähnlich spartanisch waren auf der anderen Seite des Mittelganges weitere Zimmerchen eingerichtet: der Wohnraum für Joseph Goebbels, das Schlaf- und Behandlungszimmer für den Leibarzt, zunächst Theodor Morell, ab 21. April 1945 der SS-Arzt Ludwig Stumpfegger sowie mehrere Räume für Bormann und die Wachen eingerichtet. Eine kleine, aber moderne Telefonzentrale, bedient unter anderem von Rochus Misch, stellte den Kontakt zur Außenwelt her.

Festsaal
Hauptbunker
Vorbunker
1 Räume des Leibarztes
2 Wachraum
3 Maschinenraum
4 Schlafzimmer Goebbels
5 Arbeitszimmer Goebbels
6 Telefonzentrale
7 Wachräume/Schleusen
8 Korridor und Warteraum
9 Hitlers Besprechungszimmer
10 Vorraum
Garten
Erdschicht
Betondecke
Betonwand
Hauptbunker
(errichtet 1943/44

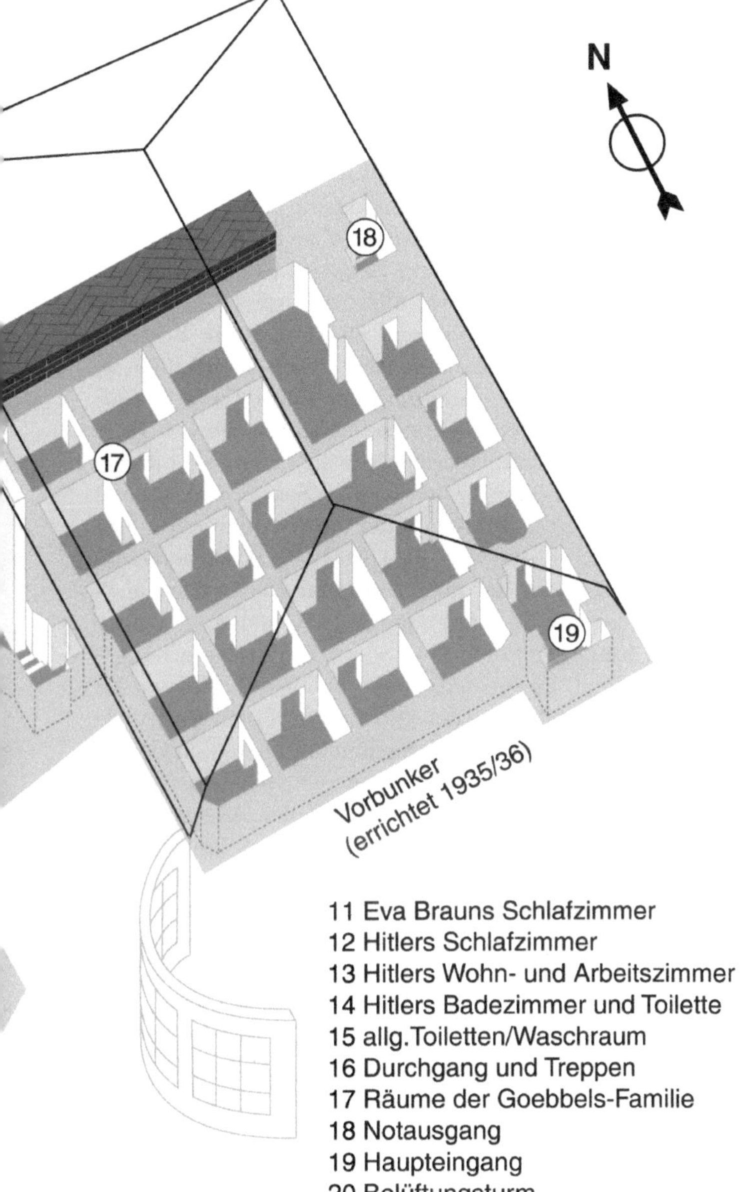

11 Eva Brauns Schlafzimmer
12 Hitlers Schlafzimmer
13 Hitlers Wohn- und Arbeitszimmer
14 Hitlers Badezimmer und Toilette
15 allg. Toiletten/Waschraum
16 Durchgang und Treppen
17 Räume der Goebbels-Familie
18 Notausgang
19 Haupteingang
20 Belüftungsturm
21 Ausgang zum Garten des Reichskanzler-Palais
22 Außenwand Festsaal

Nicht ganz geklärt ist die Luftversorgung des Bunkers: Es gab zwar wie in den Bunkern der Neuen Reichskanzlei Gasschutzfilter der Firma Dräger; große Blechtonnen gefüllt mit einem speziellen Filtergranulat. Andererseits gab es sowohl in der Toilettenanlage des Hauptbunkers wie im Maschinenraum Kanäle, die die vier Meter starke Seitenwand durchstießen und sich außen in einer Blechkonstruktion durch den umliegenden Boden fortsetzten. Die Öffnung im Toilettenraum könnte für Abwässer gedacht gewesen sein. Dann hätte der Abfluss höher gelegen als die Toiletten, weshalb auch hier eine Pumpe nötig gewesen wäre. Vielleicht handelte es sich auch um weitere Luftein- oder Auslässe, allerdings ohne Zugang zu den Gasfiltern im Maschinenraum. Ob es sich um Reserve-Kanäle handelte oder welchen anderen Zweck sie erfüllten, ist unklar. Jedenfalls war die Belüftung des Führerbunkers stets ein Problem, wie ein Ereignis in den letzten Wochen des Dritten Reiches zeigte: »Kürzlich ereigneten sich hier zwei interessante Zwischenfälle, über die ich wunschgemäß nachstehend berichte«, hieß es im Schreiben einer an der Ausstattung des Bunkers beteiligten Firma vom 16. April 1945: »Während einer Führerbesprechung, an der neben mehreren Generälen auch der Reichsmarschall und Dr. Goebbels teilnahmen, wurde plötzlich ein immer stärkerer Brandgeruch im Besprechungszimmer festgestellt. Es entstand eine erhebliche Aufregung, da eine Sabotage vermutet wurde. Die Belüftungsanlage wurde sofort abgestellt. Nach längerem Suchen fand man den Grund für die Bunkervergasung: Der Wagen des Reichsmarschalls hatte unmittelbar unter einer der vorhandenen Ansaugleitungen, die etwa drei Meter über Flur ansaugten, geparkt. Es handelte sich um einen Wagen, der mit Holzvergasung fuhr, und der Fahrer arbeitete am Generator, wobei die austretenden Gase und Dämpfe von der Belüftungsanlage unmittelbar angesaugt wurden. Nach Durchspülen des Bunkers mit beiden vorhandenen Belüftungsanlagen (Haupt- und Schutzlüftung) konnte die Besprechung fortgesetzt werden. Ein Parkverbot in der Nähe der Ansaugleitung schließt eine Wiederholung des Falles für die Zukunft aus.«[180] Gerade als die letzte große Schlacht des Zweiten Weltkrieges, der Kampf um Berlin begann, beschäftigte man sich im Führerbunker also mit – Parkverboten.

BEWEISSICHERUNG

Als die Kämpfe in Berlin am 2. Mai 1945 endeten, kehrte in der Reichskanzlei und ihren beinahe leeren Bunkeranlagen ein seltsam irrealer Frieden ein. Zehn Tage lang war das Regierungsviertel fast dauerndem Artilleriefeuer ausgesetzt gewesen; nun schossen die sowjetischen Geschütze nicht mehr. Einen Sturm auf die Reichskanzlei wie auf den Reichstag gab es nicht – offenbar wusste der sowjetische Geheimdienst nicht, wo sich Hitler in den letzten Monaten seines Lebens aufgehalten hatte. Gegen neun Uhr morgens stieß Johannes Hentschel, Chefmaschinist der Reichskanzlei und in den letzten Wochen des Dritten Reichs als Wart der Aggregate des Bunkers in einer Schlüsselstellung, zum ersten Mal in seinem Leben auf eine Gruppe Rotarmisten. Die Begegnung verlief anders, als er sich das hätte träumen lassen: Nicht kampfbereite Männer mit Sturmgewehren kamen ihm im beschädigten Wirtschaftsgang zwischen Neuer und Alter Reichskanzlei entgegen, sondern ein rundes Dutzend uniformierte Russinnen. Sie tuschelten, kicherten und lachten, bis sie Hentschel bemerkten. Er hob sofort die Arme, um zu zeigen, dass er nicht bewaffnet sei. Die meisten der uniformierten Frauen hatten große Taschen oder Seesäcke bei sich. Sie gehörten dem Sanitätskorps der Roten Armee an. Es waren keine Schwestern, wie Hentschel zuerst vermutete, sondern junge Ärztinnen und Medizinstudentinnen. Mit der Wortführerin, einer stämmigen, flachsblonden, »völlig russischen« Frau um die Dreißig, die Deutsch mit leichtem Akzent sprach, kam Hentschel ins Gespräch: »Ihre erste Frage war mehr oder weniger: ›Wo ist Adolf Hitler?‹ Ich sagte, er sei tot, und beschrieb die Umstände, die Verbrennung im Hof. Sie hörte aufmerksam zu. Dann fiel ein zweite Ärztin ein, die ebenfalls Deutsch sprach, aber etwas stockender: ›Wo ist Gitlers Frau, Herr Gentschel?‹« Natürlich wusste die Russin von Eva Braun sowenig wie alle Deutschen außerhalb des engsten Zirkels um den Diktator – sie nahm einfach an, der mächtige Mann müsse eine Geliebte oder Ehefrau gehabt haben. Nach dem kurzen Wortwechsel kam die Anführerin der Gruppe zu ihrem eigentlichen Anliegen: »›Herr Hentschel, wo sind die Klamotten?‹ Endlich dämmerte mir, was diese Russinnen eigentlich wollten. Der Sieger darf plündern. Nach langen, heftigen Kämpfen waren diese Kriegerinnen darauf aus, anständige Zivilkleider zu ergattern. Das war nicht schwierig. Mit einem Seufzer der Erleichterung, dass es so glimpflich abging, führte ich sie hinunter ins Ankleidezimmer von Eva Braun. Dort stand eine Kommode, die das halbe Zimmer ausfüllte, und ich nahm an, dass sie vollgestopft war mit Reizwäsche. Ihr Kleid mindestens fünfmal am Tag zu wechseln war Eva Brauns Hauptbeschäftigung im Bunker gewesen. An Frau Goebbels Zimmer dachte ich auch, aber sie hatte nicht viel Gepäck mitgebracht.«[181]

So skurril wie diese erste »Besetzung« des Führerbunkers ging die Inbesitznahme der zerstörten Regierungszentrale durch die Rote Armee allerdings nicht weiter. Schon am selben Mittwoch rückte ein Vorauskommando des Armeenachrichtendienstes »Smersch« in der Reichskanzlei ein. Das wichtigste Ziel war, die Leiche von Adolf Hitler zu finden und zu identifizieren. Die Sowjets glaubten die Nachricht vom Selbstmord des Führers nicht ohne Weiteres, auch wenn mehrere Mitglieder aus seiner engsten Umgebung das behauptet hatten. Keinesfalls wollte man einer Falschmeldung aufsitzen und den deutschen Diktator entwischen lassen. In seinem Bericht schrieb Oberstleutnant Iwan Klimenko, der die kleine Gruppe befehligte: »Es war schon später Nachmittag, und es regnete. Ich stieg in den Jeep, die Zeugen und Soldaten auf den Lastwagen. Wir fuhren vor der Reichskanzlei vor, gingen in den Garten und langten vor dem Notausgang des Führerbunkers an. Kaum näherten wir uns diesem Ausgang, da schrie einer der Deutschen laut auf: ›Das ist die Leiche von Goebbels! Da ist die Leiche seiner Frau!‹ Ich beschloss, diese Leichen mitzunehmen.« Damit hatte die erste Untersuchung ein Ziel erreicht und wurde vertagt. Am nächsten Tag, am 3. Mai 1945, wurden im Bunker dann von anderen Rotarmisten die Leichen der sechs Goebbels-Kinder und die Leiche von General Krebs gefunden. Bald darauf betrat Klimenko erstmals selbst die Betonhöhle, begleitet vom ehemaligen Marine-Adjutanten Hitlers, Vizeadmiral Hans-Erich Voß: »In der Reichskanzlei stiegen wir in den Bunker hinab. Es war dunkel. Wir beleuchteten den Weg mit Taschenlampen. Voß benahm sich etwas schrullig, war nervös und sprach Unverständliches. Dann stiegen wir hinauf und gerieten in den Hof, unweit des Notausgangs.«[182]

Was im Führerbunker während der kommenden acht Wochen geschah, wurde bislang nicht bekannt. Immer wieder durchsuchten offenbar Sowjetsoldaten die kleinen Räume; in dieser Zeit wurden wohl auch die Tresore in Hitlers Schlafzimmer und im Kleinen Bunker der Neuen Reichskanzlei aufgeschweißt. Mindestens im Privatsafe des »Führers« dürfte aber nichts Wesentliches mehr gelegen haben, weil sein Adjutant Julius Schaub die persönlichen Papiere des Diktators eine Woche vor seinem Tod nach Berchtesgaden gebracht und dort verbrannt hatte. Fotos aus dem Bunker in diesen ersten Wochen der Besetzung oder Protokolle ausführlicher Untersuchungen der Räumlichkeiten tauchten in den sieben Jahrzehnten seither nicht auf. Vermutlich konzentrierten sich die sowjetischen Nachrichtenoffiziere ganz darauf, die Leiche Hitlers zu identifizieren, was ihnen anhand gefundener Brücken schließlich auch gelang, die von Hitlers Dentist und einer Zahnarzthelferin eindeutig wiedererkannt wurden.[183]

Die ersten Fotos vom Inneren des Führerbunkers nach Hitlers Tod entstanden Anfang Juli 1945. Zu diesem Zeitpunkt waren entsprechen der Übereinkunft von Jalta britische und amerikanische Truppen in Berlin eingerückt, um Teile der Reichshauptstadt als eigene Sektoren zu übernehmen. Am 4. Juli 1945 traf der US-Journalist James O'Donnell in Berlin ein. Er wollte in die längst legendenumwobene Regierungszentrale: »Um so schnell wie möglich vom Flughafen zur Reichskanzlei zu kommen, hielt ich einen vorbeifahrenden Jeep an. Zwei Fallschirmjäger von General Gavins 82. Luftlandedivision erklärten sich

bereit, mich zum Brandenburger Tor mitzunehmen, wenn ich ihnen zeigte, wo es lag. An diesem Tag hätten wir den Drei-Meilen-Trip schneller in einem Sherman-Panzer oder einem Bulldozer geschafft.« Doch schließlich gelangte O'Donnell tatsächlich in den Garten der Reichskanzlei. »Ich kam zu einem rechteckigen, bräunlichen Zementblock, vielleicht 20 Fuß hoch, mit einem annähernd rechteckigen Eingang und einem kleinen Vestibül. Das war der wenig bemerkenswerte Eingang zum Bunker, der mehr so aussah wie ein alter, verwitterter Unterstand in der Maginot- oder der Siegfriedlinie. Ein einzelner russischer Soldat, bewaffnet aber freundlich, stand Wache. Zuerst hatte ich Sorge, er könnte Befehl haben, Schaulustige zurückzuweisen. Nein, er wollte mir nur einen Schnappschuss seiner Freundin zeigen, die weit weg in Russland war. Er war nur ein gemeiner Soldat, aber er trug stolz sein Stalingradabzeichen. Ich salutierte im Namen des gemeinsam erfochtenen Sieges und bot ihm ein Päckchen Camel an. Er akzeptierte und gab mir im Gegenzug eine gelbe Kerosinlaterne. Ich wusste, russische Soldaten waren selten allein im Dienst. Am Fuß der Treppe traf ich seinen Partner, einen Korporal. Er hatte sein Quartier in einem Raum aufgeschlagen, dessen Wände und Decke verkohlt waren, dessen Boden mit grauer Asche bedeckt und dessen blaue, friesische Wandfliesen verrußt waren. Er konnte nicht wissen und ich wusste es zu dieser Zeit auch noch nicht, dass dies Hitlers Arbeitszimmer war. Seine Maschinenpistole lag auf dem Tisch, aber er fuchtelte mit

^ *Ein US-Soldat inspiziert Hitlers Schlafzimmer. Der Tresor rechts ist aufgeschweißt, links die Tür zum Wohnzimmer.*

einer langläufigen deutschen .22er Pistole herum. Er war nicht so freundlich wie die erste Wache, aber ein weiteres Päckchen Zigaretten, mein letztes, öffnete die Räumlichkeiten für eine Besichtigung. Zuerst dachte ich, ich sei allein; es war gruselig und dunkel, bis ich meine Laterne anzündete. Da waren drei russische Offiziere, die sich leise und mit Taschenlampen durch den Bunker bewegten.« O'Donnell inspizierte den Bunker; ihm fiel neben der Dunkelheit und der Feuchtigkeit vor allem der Gestank auf. Die Lüftung war schon lange ausgefallen, Ratten krabbelten über den Boden, der Geruch von menschlichen Leichen hing in der Luft. »Ich wunderte mich, wie die russischen Soldaten es in dieser Atmosphäre aushielten. Bald verstand ich es: Die beiden Wachen wechselten jede Viertelstunde.« Der Journalist setzte seinen Besuch fort und ging über die Treppe in den Vorbunker. Hier fand er einen Plan der vorgesehenen Umbauten der österreichischen Stadt Linz zu »Groß-Linz«. Er begegnete auch einem weiteren sowjetischen Offizier, der ihm eine alte deutsche Gasmaske reichte; nun durchsuchte O'Donnell die Räume systematisch. Die Böden waren mit Glasscherben, Müll und anderem Unrat bedeckt; sogar benutzte Kondome fielen ihm auf. Ungefähr eine Dreiviertelstunde blieb der Journalist im Bunker, dann kam er zurück ans Tageslicht: »Mit frischer Luft in meinen Lungen, zurück im Sonnenlicht, begann ich meine Eindrücke zu ordnen. Groß-Linz! Mir fiel plötzlich ein, dass Linz der Kreis war, in dem Braunau lag, Adolf Hitlers Geburtsort. Ärgerlich

^ *Eva Brauns Schlafzimmer am 6. Juli 1945. Auf der Kommode rechts steht eine als Vase genutzte Champagnerflasche.*

über meine langsame Reaktion, rannte ich die Stufen wieder hinunter. Es war zu spät. Ein britischer Oberst hatte die Karte von Groß-Linz gefunden und rollte sie auf: ›Mein einziges Kriegssouvenir‹, sagte er.«[184]

In den folgenden Tagen suchten viele alliierte Soldaten und Offiziere, nur zum Teil in offiziellem Auftrag, den Bunker auf. Am 6. Juli 1945 entstand eine Serie von Fotografien der Innenräume des Führerbunkers. Insbesondere die Schlafzimmer von Eva Braun und Hitler wurden intensiv besichtigt. GIs und Rotarmisten saßen Probe auf dem Sofa im Wohnzimmer des Diktators, einer nahm Kleiderbügel aus dem Schrank mit sich. Auf den Bildern sahen die Räume hell aus, was aber täuschte: In Wirklichkeit war es bis auf Taschenlampen und Laternen dunkel, doch zum Fotografieren brauchte man natürlich Blitzlichter. So wie auf diesen Fotos sah keiner der Bunkertouristen die Räumlichkeiten, was beitrug zu den vielen irreführenden Beschreibung der Anlage. So gab es in Hitlers Arbeitszimmer keine Fliesen, wie O'Donnell meinte, wohl aber ein blauweiß gemustertes Sofa. Ein Foto zeigt US-Soldaten, wie sie mit Hilfe einer Kerze versuchen, an diesem Sofa Spuren zu entdecken. Tatsächlich fanden sie an der rechten Lehne große Blutspritzer, die genau zum Hergang des Doppelselbstmordes passten,

^ *Ein sowjetischer Soldat sitzt Probe auf dem Sofa in Hitlers Wohnzimmer. Der Boden ist von eingesickertem Wasser bedeckt.*

wie ihn die gefangengenommenen Mitglieder des innersten Zirkels schilderten. Nässe, Ratten, Leichengestand und Finsterkeit: Im Sommer 1945 war es wahrlich kein Vergnügen, Hitlers ehemaligen Bunker aufzusuchen.

Das sagte sich vielleicht auch der britische Premierminister Winston Churchill, als er am 14. Juli 1945 die Reichskanzlei besichtigte. In seinen Memoiren schilderte er den Besuch: »Dann betraten wir die Reichskanzlei und gingen für eine ganze Zeit durch zerstörte Hallen und Galerien. Unsere russischen Führer brachten uns in Hitlers Luftschutzbunker. Ich ging hinunter zum Grund und sah den Raum, in dem er und seine Mätresse Selbstmord begangen hatten, und als wir wieder an die Oberfläche kamen, zeigten sie uns den Platz, wo die Leichen verbrannt worden waren. So bekamen wir auf die beste damals mögliche Art Informationen aus erster Hand.«[185] Ganz anders klingt allerdings die Beschreibung des Besuchs im Tagebuch von Churchills Leibarzt Sir Charles Wilson: »Sein Führer, ein russischer Soldat, brachte ihn über den Hof außerhalb der Reichskanzlei zu dem Unterschlupf, in dem Hitler, wie ein verwundetes Tier, das sich in sein Loch zurückzieht, gestorben sein soll; der Premierminister folgte ihm eine Treppe hinab; als er aber hörte, dass noch zwei weitere Treppen

^ *Der britische Premier Winston Churchill (Mitte, mit Schirmmütze und Zigarre) am 14. Juli 1945 vor dem Gartenausgang*

folgen würden, gab er die Idee auf, den Bunker zu erforschen, und stieg langsam die Treppen wieder hinauf. Oben angekommen, setzte er sich auf einen vergoldeten Stuhl und wischte sich den Schweiß von der Stirn. ›Hitler‹, sagte er, ›muss hier herausgekommen sein, um Luft zu schnappen, und muss die Gewehrsalven näher und näher kommen gehört haben.‹ Ich ging zurück zu dem Einstieg. Ich atmete die feuchte, scharfe Luft ein und ertastete mit den Weg über ein paar Stufen hinab zu einem anderen Raum, wo, soweit ich im Licht einer Fackel erkennen konnte, Kleider und Gasmasken und aller möglicher Kram verstreut herumlagen. Ich hob einen verbrannten Handschuh auf. Ich folgte dem Premierminister wieder, und wir fuhren schweigend zurück, an den endlosen Reihen russischer Soldaten entlang.«[186]

Allerdings stützte eine Eintragung im Tagebuch von Alexander Cadogan, dem ständigen Unterstaatssekretär im Foreign Office und damit einem der höchsten britischen Diplomaten, die Darstellung des Premierministers: »Ich begleitete Winston in Hitlers Arbeitszimmer, aber er machte nicht viele Worte – vielleicht war er zu überwältigt.« Über seine Eindrücke vom Bunker berichtete Cadogan: »Leider funktionierte das elektrische Licht nicht, und es war nicht einfach, eine gute Sicht im Licht einer Taschenlampe zu bekommen. Uns wurde der Raum gezeigt, in dem Hitler gestorben sein soll. Hinter der nächsten Tür war ein anderer Raum, der Eva Braun gehört haben soll.

^ *Alliierte Soldaten und ein Schupo vor dem Gartenausgang im Sommer 1945, fotografiert von außen und von innen.* >

Auf einem Tisch war noch eine Vase mit einem Zweig darin, der offensichtlich ein Blütenzweig war.« Trotz der schlechten Sichtverhältnisse war Cadogan die umfunktionierte Champagnerflasche aufgefallen, die auf Eva Brauns Kommode stand, nicht auf dem Tischchen in ihrem Zimmer. Die Bedeutung des Ortes war dem Diplomaten bewusst: »Wie auch immer, dies ist die Szenerie eines der größten Dramen der Weltgeschichte und ohne Zweifel eindrucksvoll.«[187]

In den folgenden Wochen und Monaten besichtigten immer wieder westliche Politiker, Generäle, Diplomaten und ganz normale Soldaten den Bunker; größere Schwierigkeiten machten die Posten der Roten Armee in der Regel nicht. Deutsche jedoch durften nicht hinabsteigen, mit Ausnahme einiger Emigranten in der Uniform der Siegermächte. Der Oberkommandierende der Roten Armee beim Sturm auf Berlin, Marschall Grigori Schukow, verzichtete allerdings bei seinem Besuch der zerstörten Reichskanzlei darauf, in die feuchte und dunkle Betonhöhle hinabzusteigen.[188] Systematisch leergeräumt wurde der Bunker von den Sowjets im Sommer 1945 nicht; noch im September, vier Monate nach der Besetzung, entdeckte ein britischer Offizier hier die täglichen Aufzeichnungen von Hitlers Kammerdiener Heinz Linge.

Im April 1946 rekonstruierten Nachrichtenoffiziere der Roten Armee den letzten Tag im Führerbunker. Sie zogen alle gefangenen Zeugen zusammen und sperrten den Garten der Reichskanzlei ab. James O'Donnell war zum Bunker gekommen, wo er seine Kollegin Marguertie Higgins traf. Er berichtete: »Es war am frühen Abend. Wir liefen uns auf dem Gelände der Reichskanzlei über den Weg. Das war kein Zufall, denn jeder von uns hatte einen Tipp bekommen, dass die Russen im Bunker etwas besondere vorhätten; offenbar sollte dort gefilmt werden. Bei dieser Gelegenheit entdeckten wir übrigens, dass wir denselben Informanten in Ost-Berlin bezahlten. In der langsam einsetzenden Dämmerung sahen wir, dass tatsächlich vor dem Notausgang des Führerbunkers Filmkameras standen; Offiziere der Roten Armee liefen geschäftig herum. Uns fiel eine Gruppe von Männern in undefinierbar gefärbten Drillichanzügen auf. Wir hielten sie für deutsche Komparsen. Als wir uns dem Schauplatz des Geschehens näherten, wurden wir von russischen Posten abgefangen. Sie bedeuteten uns zu verschwinden, und unterstrichen diese Aufforderung durch eindeutige Gesten mit ihren Maschinenpistolen. An jenem Abend wussten wir nicht, dass wir Augenzeugen eines Vorgangs geworden waren, der zumindest eine ›heiße‹ Geschichte abgegeben hätte. Denn die Männer, die wir für Statisten gehalten hatten, waren in Wirklichkeit Akteure. Sie gehörten zu den Überlebenden des Bunkers.« Die beiden US-Journalisten hatten den richtigen Instinkt gehabt: »Unter scharfer Bewachung mussten sie noch einmal die Verbrennung und das Begräbnis Adolf und Eva Hitlers demonstrieren. Das waren nun wirklich diejenigen, die wussten, wie das Drama dort unten geendet hatte.«[189]

Am 16. Mai 1946 fand eine weitere Tatortbesichtigung statt, diesmal mit allen technischen Möglichkeiten ausgestattet. Diesmal nahmen die Rotarmisten Maße bis auf den Millimeter genau; insbesondere für die Flecken auf dem Sofa in Hitlers Wohnzimmer interessierten sie sich: War es wirklich Blut? Die mikrobiologische Untersuchung in Moskau wies das eindeutig nach.[190] Damit endeten die offiziellen Nachforschungen im Führerbunker; am Tod Adolf Hitlers konnte es keinen vernünftigen Zweifel mehr geben, auch wenn immer fraglich blieb, ob die als sein Körper identifizierte Leiche Nr. 12 tatsächlich die sterblichen Überreste des Diktators waren.

In den folgenden anderthalb Jahren war der Bunker ein beliebtes Ausflugsziel für westliche Besucher; am 20. April 1947 zum Beispiel kamen amerikanische Geschäftsleute, einen Monat später einige US-Journalisten auf Europareise.[191] Doch die zunehmenden Spannungen zwischen Westalliierten und der Sowjetunion, die ihren Brennpunkt in der geteilten Stadt Berlin hatten, führten zu immer größeren Schwierigkeiten. Da die Rote Armee ihren westlichen Partnern aber nicht einfach den Zugang zu ihrem Sektor verweigern durfte, weil ihnen zudem die gruselige Touristenattraktion unter den Ministergärten wohl generell ein Dorn im Auge war, bereiteten sie die Zerstörung der Betonhöhle vor.

DOPPELT GESCHEITERTE ZERSTÖRUNG

Einen auf maximale Stabilität ausgelegten Bau kann man nicht einfach abreißen. Dazu bedarf es besonderer Mittel. Im Spätherbst 1947 schafften sowjetische Soldaten alles an Beutemunition in den Hauptbunker, was sie auftreiben konnten; hochexplosiver Sprengstoff sollte die Ladung zur Explosion bringen und Hitlers Höhle wirksam zerstören. In allen Sektoren Berlins wurden zu dieser Zeit Bunker gesprengt oder wenigstens »entfestigt«, also durch Hineinbrechen etwa von Fensteröffnungen ihres Schutzcharakters beraubt. Offiziell war das Teil der »demilitarization«. Doch die Sprengmeister der Roten Armee hatten ihre Rechnung gemacht, ohne an das übersteigerte Sicherheitsbedürfnis des Diktators und die fachlichen Fähigkeiten des Architekten und Bauleiters Carl Piepenburg zu denken: Als sie am 11. Dezember 1947 ihre tonnenschwere Ladung hochgehen ließen, wurden zwar der Betonblock um den Garteneingang und der fertiggestellte sowie der nicht mehr vollendete Betonturm herausgerissen. Auch sämtliche Innenwände des Bunkers warf der Explosionsdruck um, der außerdem die Innendecke aus Eisenträger herabstürzen ließ. So gewaltig war die Detonation, dass die mehrere tausend Tonnen schwere Stahlbetondecke von den Außenwänden getrennt und angehoben wurde.

Doch wirklich zerstören ließ sich der Bunker auf diese Weise nicht: Als schwer beschädigter, aber weiterhin begehbarer Raum blieb er achteinhalb Meter unter der Erdoberfläche bestehen; der Vorbunker war ohnehin nicht gesprengt worden. Die zerfetzten oberirdischen Reste ließ man einfach liegen. Auf

Fotos des Areals aus den späten 1940er- und 1950er-Jahren ist der umgestürzte Konus des Belüftungsturms zu erkennen.[192] 1949 ließ die Rote Armee die Ruinen der Neuen Reichskanzlei und aller Nebengebäude abreißen; nichts sollte mehr an den gescheiterten Welteroberer Hitler erinnern. Doch konsequent war man dabei nicht. Die Reste der oberirdischen Anlagen seines letzten Unterschlupfes blieben liegen – sie zu beseitigen, wäre zu teuer gewesen.

Weiterhin zog der morbide Charme des Ortes Besucher an. Gleich zweimal, 1958 und 1959, kam beispielsweise das norwegische Ehepaar Karl-Anders und Elfrid Hovden nach Berlin und auf das Areal der früheren Reichskanzlei. Jeweils fotografierten die beiden einander vor den offen herumliegenden Resten des Gartenausgangs und der mutmaßlichen Belüftungsturms. Vom Festsaal, der einst den ersten Führerbunker kaschiert hatte, stand nichts mehr; allerdings war die mit nachträglich mit einbetonierten Stahlträgern verstärkte Decke des Luftschutzraums klar erkennbar.

Vermutlich um jeden Gruseltourismus zu unterbinden, startete die DDR-Regierung einen weiteren Versuch, Hitlers Bunker verschwinden zu lassen. Anfang Juni 1959 meldeten West-Berliner Zeitungen: »Führerbunker wird gesprengt« und »Mit Pressluft gegen Bunker-Reste«.[193] Das Gelände solle in einen Volkspark verwandelt werden, wussten die Blätter zu

^ *Blick auf den gesprengten Zugang zum Führerbunker, aufgenommen in den 1950er-Jahren*

^ *Das norwegische Ehepaar Karl-Anders und Eldfrid Hovden*
v *besucht in den Sommern 1958 und 1959 Berlin – beide Male unter anderem auch das Areal des Führerbunkers. Das obere Bild zeigt Karl-Anders Hovden am 21. Juli 1958. Direkt hinter ihm links der gesprengte Gartenausgang (li.) und der zerstörte Lüftungsturm. Auf dem unteren Bild ist Eldfrid Hovden am 19. Juli 1959 auf den Resten des Vorbunkers zu sehen. Im Hintergrund der erhaltene Teil des Erweiterungsbaus des Reichspropagandaministeriums zwischen Wilhelm- und Mauerstraße, rechts (Inschrift »Nationalrat«) der einzige bis heute erhaltene Rest direkt am Wilhelmplatz.*

berichten. Wie schon den gesprengten Flaktürmen im Friedrichshain sollte auch den Resten des Führerbunkers so eine sinnvolle Verwendung gegeben werden. Mit Bohrern wurden Sprenglöcher in die Decken des Vor- und wohl auch des Hauptbunkers getrieben; am 18. Juni wurde zum ersten Mal gesprengt.[194] Allerdings scheiterten die Abbrucharbeiten trotz mehrerer Anläufe: »Vor dem Hitlerbunker kapituliert«, kommentierte *Die Welt* Anfang Oktober 1959 hämisch die Ost-Berliner Bemühungen.[195] Die Sprengungen hätten ein Vielfaches der Summe verschlungen, die man dafür veranschlagt hatte. Nun entschied man sich für die einfachste Lösung: Über den zerstörten Gartenausgang und den umgerissenen Betonturm wurde ein Hügel aufgeschüttet, der bepflanzt werden sollte. Nach dem Motto »aus den Augen, aus dem Sinn« den Führerbunker »verschwinden« zu lassen, funktionierte allerdings nicht.

Denn alle Pläne für das Areal erledigten sich am 13. August 1961 mit der Abriegelung der Demarkationslinie zum Westteil Berlins. Da die Grenze zwischen den Stadtbezirken Mitte im sowjetischen und Tiergarten im britischen Sektor entlang der einstigen Zollmauer verlief, der späteren Königgrätzer Straße, wurde das Gelände zwischen dieser Straße, die von den Nazis in Hermann-Göring-Straße umbenannt worden war und inzwischen nach dem ersten Reichspräsidenten Ebertstraße hieß, und der Wilhelmstraße Sperrgebiet. Auf östlicher Seite

^ *Vorbereitung zur Sprengung 1959: In die Decke des Vorbunkers werden Löcher für Dynamitladungen gebohrt.*

schloss ein Stacheldrahtzaun den Todesstreifen ab. Er wurde aber nicht direkt an der Straßenkante der einstigen Regierungsmeile errichtet, sondern führte zwischen 50 und 150 Meter weiter westlich quer durch die ehemaligen Ministergärten. Aber trotzdem war mit den verbliebenen Flächen auf der Westseite der Wilhelmstraße nicht mehr viel anzufangen. Ein Parkplatz entstand und eine Kindertagesstätte aus Fertigbauteilen. Der Hügel über den Resten des Führerbunkers lag komplett im Sperrgebiet und war nun wirklich unzugänglich. Die Grenztruppen wussten zwar, was sich unter der aufgeschütteten Erde befand, doch heran kamen auch sie nicht mehr.

Nun zeigte sich, dass der Verdeckungsversuch von 1959 kontraproduktiv war: Da sich in den ebenen früheren Ministergärten nur ein einziger Hügel erhob und es zudem im Todesstreifen zugunsten eines freien Schussfeldes kaum Bäume und Sträucher geben durfte, konnten westliche Mauertouristen von den Beobachtungstürmen am Potsdamer Platz aus genau sehen, wo Hitlers Bunker unter der Erde lag; auch Staatsgäste aus den USA und Großbritannien bekamen von ihren Gastgebern bei einem Abstecher an den nun unwirtlichen, aber einst verkehrsreichsten Platz Europas gern das Relikt aus dem Zweiten Weltkrieg gezeigt. Es war ja auch symbolisch: Der zweiten Diktatur auf deutschem Boden, die mit der Ideologie des »Antifaschismus« ihr eigenes brutales Regime zu kaschieren versuchte, fiel zu jenem Ort, an dem Hitler sich selbst gerichtet hatte, nur ein Erdhügel ein.

Auch von der Wilhelmstraße aus, also vom Osten aus, konnte man die »Übererdung« der Bunkerreste gut erkennen. Denn hier versperrte zwar Stacheldraht an Betonpfosten den Zugang zum Todesstreifen, später zusätzlich ein niedriger Gartenzaun – ins Grenzgebiet hineinsehen konnte man aber problemlos, sogar das graue Betonband des »vorderen Sperrelements feindwärts« erkennen, wie die eigentliche Berliner Mauer im Jargon der DDR-Grenzer hieß. Statt im Bewusstsein der Einheimischen in beiden Teilen der Stadt und der vielen Besucher zu verblassen, blieb der Ort des Führerbunkers präsent. Manche westliche Reiseführer verwiesen ausdrücklich auf die Geschichte des kleinen Hügels, wenn auch oft unzutreffend in Details. Gerade die absolute Unzugänglichkeit förderte die Bildung von Gerüchten.

EINE AUFGABE FÜR DIE STASI

So war die aufwendigste Untersuchung der Bunker unter den Ministergärten überhaupt eine direkte Folge von Spekulationen. Ende der Sechzigerjahre berichteten West-Berliner Zeitungen über die Wiederentdeckung von Tunneln und Bunkeranlagen aus dem Zweiten Weltkrieg unter dem Tiergarten, am Reichstag und an anderen Orten in direkter Nähe der Sektorengrenze. Schlagartig wuchs bei den stets paranoiden Sicherheitsbehörden der DDR die Befürchtung, durch solche »untertägigen Anlagen« könnten einerseits Spione und Saboteure nach Ost-Berlin gelangen, vor allem aber DDR-Bürger aus dem vermeintlich »demokratischen Teil« der zerrissenen Stadt flüchten. Keineswegs als Aprilscherz war eine erste Zusammenfassung der westlichen Presseberichte gemeint, die am 1. April 1969 entstand und den Zustand der Tunnelanlagen westlich der Mauer beschrieb, vor allem die unter dem Tiergarten gefundenen Teilstücke eines nie fertiggestellten Straßentunnels und des genau unter der Ebertstraße verlaufenden Nord-Süd-Tunnels der S-Bahn.[196] Offenbar sah die Stasi-Führungsebene in den möglichen unterirdischen Bauwerken ein Problem, denn Mitte Mai 1969 stellte die zuständige Abteilung im Ministerium für Staatssicherheit, Abteilung VII, Referat 2 der Bezirksverwaltung für Groß-Berlin, einen weiteren Bericht fertig.[197] In großem Umfang sammelten die Stasi-Offiziere dafür Ausschnitte aus westlichen Zeitungen, Kopien aus Büchern über die letzten Tage des Krieges und Zeugenaussagen von ehemals hier Beschäftigten oder von Mitarbeitern von Baufirmen, die am Abbruch der Ruinen beteiligt waren. Eine eigene

^ *Die Stasi beginnt ihre Untersuchungen: Auf dem Todesstreifen (rechts die Hinterlandmauer) suchen Bauarbeiter 1973 nach Einstiegen in den Führerbunker. Links hinter dem Erdhügel sind drei der vier Ecktürme des Reichstagsgebäudes erkennbar.*

Arbeitsgruppe der Bezirksverwaltung trieb systematisch alles erreichbare Material über die vermuteten Bunkeranlagen auf.

Im Sperrgebiet gegraben wurde vorerst noch nicht; zunächst wollten die gründlichen Beamten sich aus den verfügbaren Informationen ein Bild machen. Denn jede Art von Bautätigkeit im Todesstreifen wurde vom Westen her genau beobachtet, zumal an einer so prominenten Stelle wie den früheren Ministergärten und rund um den Hügel des einstigen Führerbunkers. Rund drei Jahre dauerte es, bis das Referat am 24. Juli 1972 eine dreiseitige »Konzeption zur weiteren Aufklärung und Untersuchung der im Bereich Brandenburger Tor bis Ministerium für Verkehrswesen (Stadtbezirk Mitte) vorhandenen untertägigen Anlagen« vorlegte. Immerhin 25 Punkte und Unterpunkte wurden eigens ausgewiesen. Wie wichtig der Stasi diese Ermittlung offensichtlich war, kann man daran ablesen, dass die »Konzeption« nur drei Tage, nachdem sie offiziell »angeregt« worden war, fertig war.[198] Die Aufgabe übernahm eine eigens gebildete Arbeitsgruppe aus fünf Stasi-Offizieren, einem SED-Funktionär und einem Beauftragten der Ost-Berliner Oberbürgermeistes. Sie bekamen ein vertrauenswürdiges Baukommando von sechs »Genossen« unter Leitung eines MfS-Unteroffiziers zugeteilt.[199]

^ *Der Einstieg in den Vorbunker ist gefunden. Im Hintergrund (Bildmitte) das einzige erhaltene Gebäude an der Voßstraße und rechts davon im Hintergrund das Preußische Herrenhaus, heute Sitz des Bundesrates*

Am 10. Dezember 1972, kein halbes Jahr nach Bildung der Arbeitsgruppe, verfasste ein nicht genannter MfS-Offizier einen »Zwischenbericht« über den gegenwärtigen Stand der »Aufklärungsarbeiten von untertägigen Anlagen«. Das Gelände der Ministergärten sei geradezu »gespickt« mit unterirdischen Bauten, über deren konkrete Lage keine Unterlagen aufzutreiben seien. Einige dieser Anlagen seien mit Trümmern verfüllt worden, andere gesprengt oder verschüttet. Zu diesem Zeitpunkt hatte die Arbeitsgruppe zwischen Pariser Platz und Leipziger Straße erst fünf Bunker sicher nachgewiesen; mindestens zehn weitere wurden noch vermutet. Insgesamt lagen Indizien und Zeugenaussagen für bis zu 50 solche Bauten vor. »Es muss eingeschätzt werden, dass die Prüfung aller Hinweise über unterirdische Anlagen und Gänge, die sich, sofern überhaupt vorhanden, überwiegend im Grenzgebiet und bis unter die pioniertechnischen Anlagen der Staatsgrenze und darüber hinaus erstrecken können, eine unberechenbar zeitaufwendige, aber notwendige Aufgabe darstellt, die beträchtliche Kräfte und Mittel bindet.«[200]

Tatsächlich begannen nun umfassende, über Monate andauernde Sondierungen: »Im Zeitraum bis zum 15. Januar 1974 wurde ein Gebiet von 36.500 Quadratmeter im Bereich

Voßstraße/Otto-Grotewohl-Straße in der Tiefe zwischen drei und sechs Metern untersucht. Schwerpunkte waren ca. 250 Meter entlang der Voßstraße in einer Breite von 50 Meter (ehemalige Neue Reichskanzlei) und ca. 300 Meter entlang der Otto-Grotewohl-Straße in einer Breite von 80 Metern (Gebiet der ehemaligen Alten Reichskanzlei, des ehemaligen Außenministeriums und des sogenannten Führerbunkers).« Entdeckt wurden unter anderem zwei Anlagen mit geschätzten Innenmaßen von 60 mal 25 Metern und von 110 mal 25 Meter, der Kleine und der Große Bunker unter der Neuen Reichskanzlei also; dazu mehrere Keller für technische Zwecke, eine kleine Bunkeranlage mit Tresorraum unter dem ehemaligen Außenministerium und »ein großer Luftschutzbunker«, den das MfS als »ehemaligen sogenannten Führerbunker« identifizierte. Die Beschreibung zeigte, dass der Arbeitsgruppe die Stufen der Zerstörung 1947 bis 1959 offenbar nicht vertraut waren: »Die oberen Teile sind zum Teil erhalten, im weiteren stark zerstört – die Aufklärung ist noch nicht abgeschlossen.«[201]

Natürlich galt dem Führerbunker besondere Aufmerksamkeit. Schon Anfang 1973 hatten Ausschachtungen begonnen, an der südöstlichen Ecke des gut 13 Jahre zuvor aufgeschütteten Hügels über den Resten des Führerbunkers, direkt westlich des Zauns, der den Beginn des Todesstreifens markierte. Schnell stieß man auf massive Stahlbetondecken und dann auch auf den ehemaligen Haupteingang in den Vorbunker, der einst vom Kellergeschoß unter dem Festsaal der Alten Reichskanzlei aus zu betreten gewesen war. Allerdings war die Anlage weitgehend mit Grund- und Regenwasser vollgelaufen und musste erst leergepumpt werden, bevor man sie betreten konnte. Systematisch nahmen die Mitglieder der Arbeitsgruppe nun die Maße des Vorbunkers auf und dokumentierten ihre Untersuchungen mit insgesamt 86 Fotos jedes einzelnen Raumes. Ihre Skizzen gaben recht genau die Innenmaße wieder und zeigten, dass am Vorbunker – vermutlich im Zusammenhang mit der Errichtung des Hauptbunkers 1943/44 – umfangreiche Umbauarbeiten vorgenommen wurden. Im Vorbunker standen noch die massiven, 40 bis 50 Zentimeter starken Innenwände, auch wenn fast die gesamte verbliebene Einrichtung durch den jahrelang hohen Wasserstand verrottet war.

^ *Blick in den Vorbunker 1973. Klar zu erkennen sind die unterschiedlichen Wasserstände im jahrzehntelang überschwemmten Luftschutzkeller sowie die Stärke der Innenwände.*

Trotzdem machten die Stasi-Offiziere im Juli 1973 zwei Entdeckungen, eine gruselige und eine historisch bedeutende: Sie fanden die Doppelstockbetten, in denen die sechs Kinder des Ehepaars Goebbels die letzten zehn Tage ihres kurzen Lebens schliefen, in denen sie starben und in denen ihre Leichen gefunden wurden – und sie stießen auf die Reste von geschätzt etwa 15.000 Blatt Papier: »Mehrere Räume des unterirdischen Bauwerkes sind mit einer schlammartigen Masse ehemaligen Bunkerinventars knöcheltief bedeckt«, hieß es im Fundbericht: »Ein aus der Masse herausgelöstes Buch fiel besonders durch seine großen Schriftzeichen auf. Es enthält Tagebuchseiten, auf denen mit Schreibmaschine geschriebene Lageberichte von verschiedenen Frontabschnitten vom Juni 1944, Berichte oder Gespräche oder anderweitige Äußerungen

^ *Blick in den Hauptbunker. Die Innendecke und sämtliche Zwischenwände sind zerstört und machen die Erkundung zum gefährlichen Abenteuer. Fotos aus dem Bericht der Stasi-Untersuchungskommission von 1973*

von vermutlich hohen Offizieren der faschistischen deutschen Wehrmacht bzw. des Stabes festgehalten sind.«[202] Anders als es Unterleutnant Nickel in diesem Bericht vermutete, handelte es sich jedoch nicht um Schriftstücke, die für den kurzsichtigen Hitler auf einer Schreibmaschine mit besonders großen Typen geschrieben worden war, sondern um Fragmente der Goebbels-Tagebücher, also der seit 1941 fast täglich diktierten Erinnerungen des Reichspropagandaministers, denen jeweils eine Zusammenfassung des Frontberichts vorangestellt war. Was von den schwer beschädigten Unterlagen noch zu retten war, wurde aus dem Vorbunker geschafft.

Als weitaus schwieriger und auch gefährlicher erwiesen sich die Untersuchungen im tiefer gelegenen Hauptbunker. Denn der sowjetische Sprengversuch von Dezember 1947 hatte eben nicht nur den gartenseitigen Eingang zerstört, sondern auch sämtliche Innenwände und sogar die aus massiven Stahlträgern bestehende, zusätzliche Innendecke heruntergerissen. Geblieben war, wie die Stasi-Fotografen festhielten, eine düstere, rechtwinklige Höhle, in der gewaltige Betonplatten schief und schräg herumlagen, in der an mehreren Stellen tiefe Risse in Wänden und Decke zu erkennen waren, in der an einigen Stellen starke Armierungseisen der Stahlbetonkon-

^ *Gesamtansicht der Reste des Hauptbunkers 1973. Im Vordergrund eine der Luftfiltertonnen – das einzige Stück der Inneneinrichtung, das die Explosion im Dezember 1947 fast unversehrt überstand.*

struktion in grotesken Winkeln aus der Konstruktion herausragten. Auf einem Bild war eine der großen Luftfiltertonnen zu erkennen, die im Frühjahr 1945 die Bunkerinsassen vor Gasangriffen schützen sollten. Fast unbeschädigt, nur etwas verschmutzt und angerostet lag sie halb auf einer massiven Betonplatte, die wahrscheinlich einmal eine Innenwand gewesen war. Das Bild der Verwüstung macht deutlich, mit welcher Gewalt die von der Roten Armee im Hauptbunker aufgestapelte Beutemunition ein Vierteljahrhundert zuvor detoniert sein musste.[203] Gleichzeitig bewiesen die wenig beschädigte Hauptdecke und die nach Jahrzehnten im Grundwasser immer noch stabilen Betonwände, in welchen Dimensionen der Bunker errichtet worden war. Die Explosion hatte die Decke 1947 zwar von den Wänden abgerissen, aber konnte sie nicht zerstören; die fast vier Meter starke Panzerung blieb intakt und bildete zusammen mit der nahezu unversehrten Bodenwanne einen Raum.

Wegen der starken Beschädigung des Hauptbunkers, die jedes Betreten zum Risiko machte, konnte die Arbeitsgruppe des MfS dort nicht annähernd so genaue Maße nehmen wie im Vorbunker. Auf der auf den 11. April 1974 datierten Grundrisszeichnung des gesamten Führerbunkers im Format DIN A1 fiel daher sofort der Unterschied von erhaltenen Zimmerchen im oberen, älteren Bunkerteil und der nicht unterteilten Fläche des jüngeren, tiefer gelegenen Teils auf.[204] Wegen der herumliegenden Trümmer konnten die Stasi-Offiziere nicht einmal die Gesamtfläche zuverlässig feststellen; sie beschränkten sich auf Schätzungen. Von der eventuell verbliebenen Inneneinrichtung hatte naturgemäß nichts den sowjetischen Sprengversuch überstanden; der Explosionsdruck, der halbmeterstarke, in Boden und Decke verankerte Betonwände umwarf, als seien es Grashalme, pulverisierte sicher sämtliche noch vorhandenen Gegenstände in der Betonhöhle.

Da die Untersuchung den klaren Zweck hatte, die Existenz von unterirdischen Verbindungen zwischen Ost- und West-Berlin auszuschließen, genügte den Stasi-Offizieren die Erkenntnis, dass es keinerlei Gänge vom Führerbunker aus gab und keine weiteren Geschosse unter den inspizierten Räumen. Insgesamt waren im untersuchten Areal 17 unterirdische Bauwerke entdeckt worden, die sich zum Teil allerdings als ganz normale Keller erwiesen.[205] Unterirdische Verbindungen gab es nicht, abgesehen vom überwiegend in Nord-Süd-Richtung verlaufenden Kannenberggang. Der Abschlussbericht begann deshalb: »Nach Auswertung von vorhandenen Materialien und den Ergebnissen der Untersuchungs- und Aufklärungstätigkeit, die eine sachliche Beurteilung der untertägigen Anlagen im Bereich der ehemaligen faschistischen Reichskanzlei ermöglichen und eine Reihe von Vermutungen und Versionen ausschließen, kann folgende realistische Einschätzung an Hand sachlicher Fakten und logischer Argumente getroffen werden.« Beruhigend, aber nicht ganz korrekt war die Feststellung: »Kein unterirdisches Objekt war mehrstöckig ausgelegt, keines war tiefer als sechs Meter mit seiner Sohle.« In Wirklichkeit hatte gerade die MfS-Arbeitsgruppe gemessen, dass der jüngere Bauteil des Führerbunkers seine Sohle in 8,50 Meter Tiefe unter Boden hatte, der ältere dagegen in den genannten sechs Metern. Entscheidend war ohnehin eine andere Bemerkung: »Verbindungen bestanden lediglich durch normale Kellergänge, die teilweise sogar bis in die Erdgeschosse des Nachbarobjekts gingen, von denen man wieder die Kellersohle erreichte. So wird auch verständlich, warum Augenzeugen und Personen, die in den unterirdischen Anlagen irgendwelche Aufgaben hatten, von einem ›komplizierten Labyrinth‹ sprechen. Wenn man treppauf, treppab, über Kellergänge und Luftschutzbunker ›unterirdisch‹ von einem Objekt in das andere gelangte, noch dazu an jeder Treppe und Biegung kontrolliert wurde, so ist es logisch, dass der Überblick verwirrt wird.«[206]

Die MfS-Arbeitsgruppe war sich sicher, die richtigen Relikte untersucht zu haben: »Verschiedene Autoren, von sowjetischen Augenzeugen bis zu ehemaligen Mitgliedern der Naziprominenz, haben über das unterirdische System geschrieben. Besondere Beachtung gewann in der Regel der Hitlerbunker. Über die Lage gab es volle Übereinstimmung. Die bei den Aufklärungsarbeiten gefundene Anlage befindet sich genau an der angegebenen Stelle.« Wichtig erschien den Stasi-Offizieren, jede Möglichkeit eines weiteren, an anderer Stelle oder tiefer gelegenen Führerbunkers auszuschließen. Um ganz sicher zu gehen, schlug der Abschlussbericht weitere Stichgrabungen an zwei Stellen vor: einmal westwärts vom Hügel über dem zerstörten Bunkereingang bis in eine Tiefe von 16 Metern und einmal an der Nordwand des Hauptbunkers bis in eine Tiefe von zwölf Metern.[207] Ob diese beiden Grabungen noch stattfanden, verraten die überlieferten Berichte nicht; jedenfalls folgten keine weiteren Maßnahmen: Für rund ein Jahrzehnt geschah auf dem Areal des früheren Führerbunkers nichts mehr.

SPURENBESEITIGUNG

Die Mauer quer durch Berlin war an jeder Stelle eine schwärende Wunde. Offenbar aber hielt die SED-Spitze ausgerechnet das Gelände der ehemaligen Ministergärten für besonders störend. Vielleicht, weil sich hier, ausgerechnet zwischen den für die vielen westlichen Touristen unerreichbaren Zielen Leipziger Platz und Brandenburger Tor, weiterhin der Hügel über den Resten des Führerbunkers erhob. Jedenfalls wurde genau dieses Gelände von der Hinterlandmauer in den Ministergärten bis zur Friedrichsstraße für die beschleunigte Bebauung mit neuen Wohnungen vorgesehen. Am 17. Januar 1984 fasste das SED-Politbüro einen entsprechenden Beschluss, den der DDR-Ministerrat pro forma neun Tage später in eine regierungsoffizielle Anweisung umsetzte. Im wesentlichen, so die Vorgabe, seien die Arbeiten bis 1988/89 abzuschließen.[208] Von Beginn an allerdings war den Spitzenfunktionären klar, dass an dieser herausgehobenen Stelle keine gewöhnlichen Plattenbauten errichtet werden könnten; deshalb sollte eine deutlich höhere Qualität als bei den standardisierten Wohnhäusern aus der »Wohnungsbauserie 70« angestrebt werden. Das war konsequent, denn in dem in unmittelbarer Nähe zum Todesstreifen und damit zu West-Berlin errichteten Komplex sollten ohnehin vornehmlich Privilegierte der nur vermeintlich klassenlosen DDR-Gesellschaft einziehen. Entsprechend sollte die Zuteilung der Wohnungen überwiegend beim Magistrat von Ost-Berlin liegen; lediglich ein kleiner Teil würde vom eigentlich zuständigen Bezirk Mitte Mietern zugewiesen.

Vielleicht was das einer der Gründe, warum dieses Großprojekt in der DDR-Presse kaum dokumentiert wurde. Lediglich ein Artikel verwies auf die neuartige Planung der Fassaden.[209] Ein weiterer Grund mag gewesen sein, dass die DDR-Behörden nicht zu viel Aufmerksamkeit auf die unvermeidlichen Vorarbeiten der Neubebauung lenken wollten: die Tiefentrümmerung des Areals. Von eigenständigen Untersuchungen des Bezirks Mitte oder des mit dem Bau beauftragten »VEB Wohnungsbaukombinat Fritz Heckert« wurde nie etwas bekannt. Wahrscheinlich stützten sich die Bauvorbereitungen auf den Plan der unterirdischen Anlagen in den Ministergärten, den 1973/74 Offiziere des Ministeriums für Staatssicherheit erstellt hatten.[210] Anfang 1988 begannen die Arbeiten, und bald bekam die britische militärhistorische Fachzeitschrift »After the Battle« davon Wind. Das Blatt schickte den Fotografen Tom Posch nach Ost-Berlin, der eine Erlaubnis zur Besichtigung der Bunkeranlagen bekam und unmittelbar nach der Öffnung des Führerbunkers zahlreiche Bilder machte. Bei seinem nächsten Besuch kam Posch allerdings nicht mehr in den Bunker hinein; nun schirmten die DDR-Baubehörden die Baustelle ab und ließen sogar in Richtung Westen Erdhügel als Sichtschutz aufschütten.

Davon ließ sich der Ost-Berliner Maler, Grafiker und Illustrator Erhard Schreier nicht abschrecken. Ab Mai 1988 suchte er unter erheblichem persönlichen Risiko und mit beachtlicher Frechheit mehrere Monate lang fast jeden Tag die Baustelle auf, verbrachte in, vor allem aber unter den Ministergärten viele Stunden und zeichnete oder fotografierte.[211] Schließlich wurde das Ministerium für Staatssicherheit auf den gewitzten Künstler aufmerksam; mit der unzutreffenden Behauptung, seine Skizzen und Fotos seien für das DDR-Militärarchiv in Potsdam bestimmt, konnte er die Geheimpolizisten allerdings abwimmeln. So entstand ein einzigartiges Privatarchiv mit rund tausend Fotografien und unzähligen exakten Zeichnungen sowie künstlerisch freieren Darstellungen, die den Abbruch des vormaligen Führerbunkers genau dokumentierten.

Doch auch diesmal gelang es trotz westlicher Spezialtechnik nicht, den Bau vollkommen zu beseitigen. Den 1935/36 errichteten ersten Führerbunker, der maximale Decken- und Wandstärken von zwei Metern aufwies und an dem DDR-

Sprengmeister 1959 noch gescheitert waren, wurde zwar offenbar vollständig beseitigt – so jedenfalls das Ergebnis von in den 1990er-Jahren gemachten Bodenradar-Messungen. Der 1943/44 im Garten vor dem Festsaal versenkte zweite Führerbunker jedoch, mit seinen gewaltigen Wandstärken von rund vier Metern, wurde nur zum Teil zerstört. Die Bodenplatte existiert dagegen noch, ebenso größere Teile der Außenwände. Allerdings gibt es heute anders als 1973/74 keinen Hohlraum mehr, denn die gesamte Stahlbetonwanne wurde 1988 mit Sand und Schutt verfüllt.[212]

Gleichzeitig mit der Tiefenttrümmerung begann entlang der Wilhelmstraße die Errichtung der neuen Plattenwohnbauten. Dazu wurden nicht nur große Teile des Führerbunkers beseitigt, sondern auch Bunkeranlagen des Auswärtigen Amtes, mehrere nicht genau definierbare Bauten unter dem ehemaligen Reichspräsidentenpalais sowie der Kleine Bunker der Neuen Reichskanzlei direkt an der Voßstraße. Der Große Bunker dagegen wurde nur teilweise beseitigt – aus rein praktischen Erwägungen: Die Neubauten sollten, auch wenn sie überwiegend für Angehörigen der DDR-Elite bestimmt waren, natürlich nur bis kurz vor die sogenannte Hinterlandmauer reichen. Deshalb wurden die Enttrümmerungsarbeiten entlang dieser Sperranlage abgebrochen. Der SED ging es nicht um die Beseitigung der Geschichte; als der vermeintlich »bessere deutsche Staat« hatte man den gedanklichen Schlussstrich längst gezogen. Vielmehr war ihr vorrangiges Interesse, durch die Bebauung der offenen Wunde Wilhelmstraße die eigenen Bürger die Absurdität der Mauer quer durch die Metropole wenigstens an einer Stelle etwas weniger spüren zu lassen. Ein von vornherein zum Scheitern verdammtes Vorhaben.

Zum Zeitpunkt der Implosion des SED-Regimes im Herbst 1989 war die neue Wohnanlage auf dem Gebiet der Ministergärten erst teilweise bezugsfertig oder bereits bewohnt; einige Häuser bestanden erst im Rohbau und wurden westlichen Ansprüchen entsprechend fertiggestellt, zum Beispiel durch Umplanung der eigentlich vorgesehenen »gesellschaftlichen Einrichtung« zu einem zweistöckigen Supermarkt. Aus den ehemals geplanten Wohnungen für Privilegierte des SED-Regimes wurden nun zum Teil subventionierte Sozialwohnungen. Ungefähr seit dem Jahreswechsel 1989/90 waren die westlichen Teile der Ministergärten zugänglich, auch wenn es bis zum vollständigen Abriss der Mauer noch Monate dauerte.

Unweigerlich begann nun die Suche nach historischen Resten im Untergrund. Schon Ende März 1990 präsentierten West-Berliner Boulevardzeitungen die ersten angeblichen Besucher von »Hitlers Bunker«. In Wirklichkeit waren die Hobby-Höhlenforscher lediglich in die Reste des Großen Bunkers der Neuen Reichskanzlei eingedrungen, den Hitler jedenfalls während des Krieges wenn überhaupt, dann nur sehr selten betreten hat. Ein künstlich empörter Reporter des SED-Parteiorgans »Neues Deutschlands« berichtete von SS-Runen, von Hakenkreuzen und »Sieg Heil«-Grafittis an den Bunkerwänden. In seinem Bericht durften weder Sektflaschen noch – selbstverständlich westliche – Cola-Büchsen fehlen: als ob Neonazis im Bunker die nationale Wiedergeburt gefeiert hätten. Das Urteil des Reporters fiel kaum überraschend aus: »Über diese Orgie des neuen alten Wahns war in den Sensationsspalten der West-BZ nichts zu lesen.«[213] Ob die Schmierereien und anderen Spuren überhaupt von Neonazis stammten, blieb offen. Auffällig war jedoch, dass immer wieder dann solche Parolen »entdeckt« wurden, wenn es der in PDS umbenannten SED nützte. Zum Beispiel schon Anfang Januar 1990: Just zu der Zeit, als die ehemalige Staatspartei einen Teil des Ministeriums für Staatssicherheit als Verfassungsschutz für den Kampf gegen Rechtsextremisten zu retten versuchte, wurden eines Nachts Hakenkreuze ans sowjetische Ehrenmal in Treptow geschmiert. Die Täter konnten nie ermittelt werden.

DER MYTHOS

FASZINATION FÜHRERBUNKER

Seit nunmehr sieben Jahrzehnten beschäftigt Hitlers letzter Unterschlupf, der Ort seines selbstgewählten Todes am Ende seines Krieges, viele Menschen. Das hat einerseits mit seiner Person zu tun, der so viele Historiker nachgeforscht haben wie wohl keinem anderen Menschen der Zeitgeschichte – es gibt annähernd 80 größere seriöse Biografien des deutschen Diktators, Übersetzungen und apologetische Pamphlete nicht eingerechnet. Andererseits aber liegt das Interesse im Bau selbst und seiner Geschichte begründet. Bis Anfang Mai 1945 war der Bunker natürlich streng geheim, danach nur für kurze Zeit und praktisch ausschließlich für Staatsbürger der Siegermächte zugänglich, bevor er Ende 1947 beim ersten Zerstörungsversuch schwer beschädigt und unzugänglich wurde. Die hilflosen Tarnungsversuche der Ruine 1959 riefen das Gegenteil des Erhofften hervor, nämlich neues Interesse, und die teilweise Enttrümmerung 1988 und der Fall der Mauer im darauf folgenden Jahr sorgten für eine neue Konjunktur des Interesses.

Wann immer aber Aufmerksamkeit durch ungenügende Informationen nicht gedeckt werden kann, wird die so entstehende Lücke durch Gerüchte gefüllt. Das war auch beim Führerbunker so, und viele oft frei erfundene Behauptungen wurden noch Jahrzehnte nach ihrer Entstehung geglaubt. Daher kursierten und kursieren teilweise noch immer völlig falsche Angaben über Größe und Ausstattung des Bunkers, sogar bei eigentlich der historischen Wirklichkeit verpflichteten Fremdenführern. Dennoch lassen sich klar verschiedene Phasen der

< Bruno Ganz verkörpert in »Der Untergang« auf beklemmende Art den Verfall Hitlers (Szene mit Heino Ferch als Albert Speer).

Beschäftigung mit diesem Thema seit der Wiedervereinigung unterscheiden.

Um die Jahrtausendwende war der Führerbunker in der Öffentlichkeit vor allem ein Objekt von Spekulationen und völlig irrationalen Projektionen. Daniel Goldhagen zum Beispiel, Politologe, selbsternannter Experte für NS-Geschichte und Auslöser der nach ihm benannten Kontroverse über die Hintergründe des Holocaust, befand, die Deutschen hätten »kein Recht zu entscheiden, welche Symbole, welche Werte, welche praktischen und politischen Ziele das Schicksal dieses Bunkers bestimmen«.[214] Er solle geöffnet und unter internationale Aufsicht gestellt werden. Die »Berliner Morgenpost« kommentierte diesen Vorstoß ironisch: »Eine brillante Idee. Wozu brauchen wir noch ein Holocaust-Mahnmal, wozu eine Ausstellung Topographie des Terrors? Beide erinnern ja ›nur‹ an die Opfer der NS-Tyrannei. Der Führerbunker als Museum – der Vorschlag löst alle Probleme unseres schwierigen Umgangs mit der Nazi-Vergangenheit. Endlich könnten die Touristenströme das wohlige Grauen verspüren, ins Untergrund-Wohnzimmer des Jahrhunderts-Monsters zu schauen. Der Umweg über die Erinnerung an die Leiden der Opfer wird überflüssig. Warum ist wohl der Hitler in Madame Tussauds Wachsfigurenkabinett in London die am häufigsten fotografierte Figur?«[215]

Den von Goldhagen aufgebrachten Gedanken, den Führerbunker unter den Schutz der UNO zu stellen, griff der italienische Privatforscher Pietro Guido gut zwei Jahre später auf. Er hatte bei einem Berlin-Besuch 1993 zum ersten Mal von der Geschichte des Führerbunkers gehört und sich seither dafür interessiert. Obwohl des Deutschen nicht mächtig, begann er langwierige Recherchen, in verschiedenen Archiven ebenso wie vor Ort. Vom Baukonzern Hochtief erfuhr er, dass es keine Baupläne des Führerbunkers mehr gab. Anfang 2002 überschüttete er dann Institutionen wie die Senatskanzlei Berlin, die interna-

^ *Der US-Politologe Daniel Goldhagen schlägt 1999 vor, den Führerbunker zu öffnen – und erntet für sein Unwissen Spott.*

tionale und die deutsche UNESCO-Kommission mit Briefen, in denen er die Öffnung und Umgestaltung des Führerbunkers zu einer Gedenkstätte vorschlug. Als sein Ziel beschrieb er, »den Bunker zu entdecken, den Bunker trocken zu legen und zu sanieren, den Eingang wiederzuerrichten«. Der Besuch des Bunkermuseums solle Eintrittsgelder generieren, von denen ein Teil für wohltätige Zwecke gespendet werden könne.

So wenig wie Daniel Goldhagen hatte sich Pietro Guido allerdings vor seiner Initiative mit der Sachlage vertraut gemacht, worauf ihn der Chef der Senatskanzlei, André Schmitz, in einem formal höflichen Brief vom 8. Februar 2002 unmissverständlich hinwies: »Ich bedauere die große Mühe, der Sie sich unterzogen haben, um den Standort dieses Bunkers zu lokalisieren; allerdings existieren hier hinreichend genaue Planungsunterlagen, die die Lage dieses Bauwerks wiedergeben – dies gilt zumindest soweit, die überhaupt noch Bunkerreste vorhanden sind.« Sogar Schmitz erlag aber den Mythen rund um Hitlers letzten Unterschlupf: »Der eigentliche Führerbunker ist bereits lange vor 1989 von der DDR gesprengt, die Reste sind weitgehend zugeschüttet und teilweise mit Wohngebäuden überbaut worden. Nach 1990 durchgeführte seismographische Untersuchungen haben ergeben, dass von dem ursprünglich wohl vierstöckigen Bauwerk in großer Tiefe die Bodenplatte und allenfalls Reste der unteren Ebene übrig geblieben sind.« Dass der Bunker keinesfalls vier Stockwerke hatte, hätte auch Schmitz problemlos in Erfahrung bringen können. Doch dieser Mühe unterzog sich die Senatskanzlei gar nicht, denn unabhängig von der Faktenlage stand ihre Antwort auf die unsinnige Eingabe von Pietro Guido fest: »Ausschlaggebend ist aber, das ist eine einvernehmliche Linie des Berliner Senats,

^ *Der Italiener Pietro Guido erforscht die Geschichte des Führerbunkers und will ein Museum daraus machen.*

an diesen Ort keine Gedenkstätte gleich welcher Art und mit welcher Aussage zu schaffen.«[216]

Zum Zeitpunkt dieses Briefwechsels war gerade seit kurzem der Parkplatz über den zugeschütteten Resten des Bunkers fertiggestellt worden, einschließlich der Schranke, die wildes Abstellen fremder Autos auf den Anwohnerplätzen verhindern sollte. Auf dem Areal gab es keinerlei Hinweis auf die Vergangenheit des Ortes – es sollte eben, nach dem Willen des Senates, »keine Gedenkstätte gleich welcher Art« entstehen. Dabei blieb es. Allerdings nur für die kommenden knapp zwei Jahre.

BEWEGTE BILDER

Auf das Interesse der breiten Öffentlichkeit stieß der Führerbunker nämlich, als 2004 der Spielfilm »Der Untergang« in die deutschen und internationalen Kinos kam. Gestützt auf das gleichnamige Buch des Hitler-Biografen Joachim Fest und die Erinnerung von Hitlers Sekretärin Traudl Junge hatten der Produzent Bernd Eichinger und der Regisseur Oliver Hirschbiegel sich vorgenommen, mit diesem Film die Deutschen emotional zu befreien. Sie wollten den Massenmörder als Mensch zeigen. Der Schweizer Bruno Ganz verkörperte den Verfall des Diktators auf beklemmende Art. In seiner Hitler-Maske wirkte der Schauspieler, einer der wenigen echten Stars des deutschsprachigen Theaters, bedrängend echt – bis in seine fahrigen Bewegungen und das ständige Zittern der linken Hand hinein. So war Hitlers Sterben nie zuvor gezeigt worden.

Gerade gegen diese Darstellung formierte sich Widerstand, vor allem bei jenen Skeptikern, die »den Deutschen« auch nach sechs Jahrzehnten noch zutrauten, erneut den Verlockungen des Nationalsozialismus zu erliegen. Tatsächlich strömten fast fünf Millionen Besucher in die deutschen Kinos, und sogar durchschnittlich 7,2 Millionen Zuschauer schalteten im Herbst 2005 ihre Fernseher ein, als die ARD eine zweiteilige Langfassung des Kinofilms ausstrahlte. Die befürchtete Relativierung blieb jedoch aus; Mitleid mit der sterbenden Kreatur Hitler stellt sich nicht ein. Der Grund dafür, so sagt es der Münchner Zeithistoriker und Zeitzeuge Hermann Graml schon kurz vor dem Kinostart, ist einfach: »›Der Untergang‹ menschelt nicht. Es gibt wirklich genug Leichen in diesem Film.«[217]

Andere Kritik an Eichingers Produktion erwies sich jedoch als durchaus berechtigt. So hatte er versprochen: »Wir machen einen großen epischen Film fürs Kino. Allerdings halten wir uns dabei streng an die Dokumente. An Stenogramme der Lagebesprechungen und an die Aufzeichnungen von Zeitzeugen. Was historisch nicht belegt ist, kommt nicht vor. Wir machen keine Soap-Opera und auch kein Doku-Drama.«[218] Gerade das aber bestritt der Historiker Michael Wildt: »Es ist charakteristisch für den ›Untergang‹, dass jede Szene den Zuschauern gleichförmig und eindimensional ›Authentizität‹ vorspielt: Was zu sehen ist, sei das Wirkliche. Die Behauptung der Filmemacher, der ›Untergang‹ halte sich streng an die historischen Dokumente, ist daher nicht mehr naiv zu nennen – sie ist eine bewusste Täuschung.«[219]

Gravierender noch als diese Kritik war, dass Eichinger und Hirschbiegel zusätzlich zu Fests Essay und Junges Erinnerungen eine weitere, nicht ausdrücklich genannte Quelle heranzogen: die Memoiren von Ernst Günther Schenck, einem SS-Arzt, der in den letzten Tagen des Dritten Reiches im Lazarett unter der Neuen Reichskanzlei arbeitete. Im Film erschien Schenck ganz wie in seinen Büchern als der »gute Geist im Führerbunker« – in Wirklichkeit war er aber ein schwer belasteter Kriegsverbrecher, der selbst Menschenversuche in Konzentrationslagern veranlasst hat. So blieb trotz der enormen schauspielerischen Leistung von Bruno Ganz ein Rest Zweifel an diesem Film.

^ *Szene aus »Der Untergang« mit Juliane Köhler als Eva Braun, Bruno Ganz als Hitler und Heino Ferch als Speer*

Allerdings waren sie weit geringer als bei vier vorherigen Verfilmungen desselben Stoffs. Denn Hitlers Ende in der Betonhöhle hatte schon lange vor Eichinger und Hirschbiegel Produzenten interessiert. Die erste Kinoversion war schon zehn Jahre nach dem dramatischen Ende in Berlin entstanden. Der Regisseur Georg Wilhelm Pabst inszenierte »Der letzte Akt«, geadelt durch ein Original-Drehbuch von Erich Maria Remarque. Albin Skoda, ein renommierter Schauspieler des Wiener Burgtheaters, gab mit einer durchaus eindrucksvollen Leistung den immer mehr in den Wahnsinn abgleitenden Diktator. Er war ihm zwar physiognomisch nicht besonders ähnlich, aber das störte zu einer Zeit, als Wochenschau-Filmausschnitte noch nicht dauernd präsent im Bildbewusstsein des potenziellen Publikums waren, nicht so sehr.

Der Film fügte den tatsächlichen Ereignissen zwei weitere Handlungsstränge hinzu, von denen einer zwar wirklich passierte, aber in keinem Zusammenhang mit dem Führerbunker stand, der andere frei erfunden war. Die erste Zutat in Pabsts Film war die Überflutung des Nord-Süd-Tunnels der Berliner S-Bahn. In »Der letzte Akt« erfolgte sie auf einen direkten Befehl Hitlers, und wurde der Dramatik halber um zwei Tage auf den 30. April 1945 vorverlegt, Hitlers Todestag. Remarque ließ die Sprengung auf Weisung des »Führers« von einem Trupp SS-Männern der Bunkerwache ausführen. Die Szenen in dem zur Todesfalle werdenden Tunnel, in dem ganz normale Berliner eigentlich Schutz vor den sowjetischen Granaten gesucht hatten, waren der dramatische Höhepunkt des Films.

Zweitens ließ Remarque sich die Figur des Hauptmanns und Ritterkreuzträgers Richard Wüst einfallen. Im Film wur-

^ *Albin Skoda, Schauspieler am Wiener Burgtheater, gibt den Adolf Hitler in »Der letzte Akt«, 1955.*

de er zum Lagebericht bei Hitler in den Führerbunker kommandiert und erlebte dort das hilflose, absurde Schauspiel der apokalyptischen letzten Tage. In der Figur Wüst bündelte der Autor, dessen Opus Magnum »Im Westen nichts Neues« von den Nazis verbrannt wurde und der selbst emigrieren musste, also jeder Sympathie für das Dritte Reich unverdächtig war, das verführte, aber trotz allem gute Deutschland. Wüst schritt ein, als abgestumpfte, zynische Landser im Suff üble Spiele mit einem noch immer idealistischen Hitlerjungen spielten. Er bestürmte die zögernden Generäle erfolglos, Hitler endlich offen und ehrlich die Wahrheit zu sagen. Schließlich drang der Hauptmann in das Wohnzimmer des Diktators vor und wollte ihn mit bloßen Händen umbringen, wurde aber von einem Adjutanten niedergeschossen. In den finalen Einstellungen wirkte der sterbende Wüst wie ein Jesus-gleicher Märtyrer, dessen letzte Worte thesenartig den Film zuspitzten: »Nie mehr Jawohl sagen.« Das gab treffend die Einstellung vieler Deutscher Mitte der 1950er-Jahre wieder, die sich als Verführte, vor allem aber als Opfer des Weltkrieges sahen.

Die »Hitler-Welle« der späten 1960er- und frühen 1970er-Jahre brachten gleich zwei Filme über das Ende von Adolf Hitler hervor. In dem mit dokumentarischen Anspruch gedrehten Spielfilm »Hitler – The Last Ten Days« verkörperte der große Mime Sir Alec Guinness den Diktator.[220] Um die Seriosität der Produktion hervorzuheben, ließ Regisseur Ennio di Concini am Anfang zwei Statements einblenden; der britische Historiker Hugh Trevor-Roper, Autor des ersten, schon 1946 erschienenen Buches über »Die letzten Tage Hitlers« versicherte mit seiner Unterschrift: »Dieser Film ist das Ergebnis gewissenhafter Forschung. Die gesprochenen Worte und die Handlungen basieren alle auf authentischer historischer Evidenz.« Als würde dieser Ritterschlag eines der bekanntesten britischen Historikers noch nicht reichen, bemühte di Concini auch noch seinen fachlichen Berater, den ehemaligen Rittmeister Gerhard Boldt, der als Adjutant des Generalstabschefs im März und April 1945 oft anwesend war in Hitlers letztem Hauptquartier: »Ich persönlich habe die meisten Ereignisse, die in diesem Film geschildert werden, mit eigenen Augen verfolgt, während ich vom 20. April bis zum 29. April 12.45 Uhr im Führerbunker war.«

Tatsächlich jedoch verbog das Drehbuch von de Concini und Wolfgang Reinhardt die tatsächlichen Ereignisse im Bunker ohne jede Rücksicht auf die historische Realität. In einer seltsamen Kombination aus ernsthafter Inszenierung, originalen Aufnahmen aus dem Frühjahr 1945 sowie Anleihen bei Charlie Chaplins »Großem Diktator« lavierte Alec Guinness stets haarscharf am Slapstick vorbei. Grotesk verzeichneten zahlreiche Szenen die Atmosphäre in der Betonhöhle, etwa wenn Eva Braun ihrem Adolf »Wolf« Hitler zu Richard Strauß' Walzerklängen die Schultern massierte oder wenn im Mittelgang des Hauptbunkers an den Stühlen aus dem Kabinettssaal der Neuen Reichskanzlei und unter einer großen Hakenkreuzfahne an der Wand getafelt wurde. Alec Guinness war sich der Ambivalenz seiner Aufgabe bewusst: »Ich kann natürlich aus ihm keine sympathische Figur machen. Aber ich kann Hitler menschlich machen. Ich muss ihn glaubwürdig repräsentieren, sonst hat es keinen Sinn, diese Rolle zu spielen.«[221] Herauskam trotzdem ein unfreiwillig komischer Film, der die bekannten

^ *Alec Guinness als Adolf Hitler und Doris Kunstmann als Eva Braun in dem unfreiwillig komischen Film »The Last Ten Days« von 1972*

Tatsachen so stark verzeichnete, dass bis auf vereinzelte, intensive Szenen nichts stimmte am vermeintlich tatsachengestützten Hitler-Bild.

In der anderen Verfilmung der letzten Tage im Führerbunker aus dem Jahr 1972, der Fernsehproduktion »The Death of Adolf Hitler«, gab der Schauspieler Frank Finlay den Diktator. Rezensenten des Films in der Regie von Rex Firkin und nach dem Drehbuch von Vincent Tilsley fanden seine Leistung überzeugend: »Er machte Hitler weder zum Monstrum noch zur Schießbudenfigur, hatte aber auch weder seine rattenhafte Gewöhnlichkeit noch jene Dämonie, die seine historische Rolle

plausibel machen könnte. Der beachtliche Versuch des Autors und des Akteurs hatte seine Grenzen darin, dass realistische Mittel den Mann und den Vorgang im Grunde nicht erfassen können.« Auch hier lag der Schwerpunkt auf der Darstellung der menschlichen Seite des Dramas; »für die beliebten martialischen Schau- und Schauereffekte war da nicht allzu viel Platz«.[222]

Ganz anders beim vierten Film über Hitlers Ende, »The Bunker« von 1980. Der US-Fernsehfilm war verglichen mit den anderen Verfilmungen eine Großproduktion, und er stützte sich wie »Hitler – The Last Ten Days« sowohl auf den Bericht eines alliierten Beobachters als auch auf die Erinnerungen ehemaliger Bunkerinsassen. Drehbuchautor John Gay nutzt als Rahmenhandlung die Erlebnisse des Journalisten James O'Donnell, der am 4. Juli 1945 als wahrscheinlich erster US-Amerikaner den Führerbunker betrat. Das Drama in den 105 Tagen zwischen Hitlers Ankunft in der Reichskanzlei und seinem Selbstmord selbst wurde weitgehend nach den Aussagen von O'Donnells »Kronzeugen« Johannes Hentschel beschrieben, dem Maschinisten der Reichskanzlei, und nach den Erinnerungen von Albert Speer, Hitlers Lieblingsarchitekten und Rüstungsminister. An ihrer Wahrnehmung entlang entwickelten sich die zwei Handlungsstränge der Film, was reizvolle Perspektivwechsel ermöglichte. Wie in »Der letzte Akt«, aber anders als in »The Last Ten Days« spielten in »The Bunker« längere Passagen außerhalb der Betonhöhle, zum Beispiel in den Büros von Speers Ministerium, im Garten des Reichskanzler-Palais und in den Resten der Neuen Reichskanzlei, wo Regisseur George Schaefer den Diktator am 20. April 1945 die Gratulationen seiner engsten Umgebung entgegennehmen ließ.

Bemerkenswert an »The Bunker« war vor allem der Hauptdarsteller Anthony Hopkins. Ihm gelang es, die Balance zwischen Wirklichkeit und Wahnsinn zu halten, auch wenn viele Details bei dieser Produktion so wenig exakt waren wie in den anderen Führerbunker-Verfilmungen. Der Film erreichte bei seiner Erstausstrahlung 1981 in den USA immerhin eine Einschaltquote von 35 Prozent; die Reaktionen waren allerdings sehr gespalten. So kritisierte die jüdische Liga B'Nai Brith, dass Hitler sehr oberflächlich gezeichnet und als »Gestalt mit menschlichen Schwächen« dargestellt werde; der deutsche Diplomat Rüdiger von Wechmar dagegen befand, der Diktator sei »nicht als normaler Mensch, sondern als Verrückter« gezeigt worden.[223]

Verglichen mit den anderen Produktionen von »Der letzte Akt« bis zum »Untergang« lag die Schwäche des Films »The Bunker« wohl darin, dass Hitler noch bis seine letzten Lebenstage als nur gelegentlich vom Wahnsinn übermannte Figur erscheint. In Wirklichkeit war er doch längst nur noch ein menschliches Wrack, das freilich auf seine engste Umgebung immer noch charismatisch wirkte. Gewiss hätte Anthony Hopkins auch eine realistischere Schilderung des Diktators schauspielerisch umsetzen können. Doch Drehbuch und Regisseur erkannten die besondere Brisanz dieser paradoxen Situation nicht oder trauten sich wenigstens nicht zu, sie in publikumstaugliche Bilder umzusetzen.

Auch nach dem »Untergang«, immerhin schon dem insgesamt fünften Spielfilm über Hitlers Ende, wagten sich Regisseure an denselben Stoff. Hans-Christoph Blumenberg versucht in seinem Dokudrama »Die letzte Schlacht«, einer ZDF-Produktion anlässlich des 60. Jahrestages des Kriegsende 2005, das Kunststück, Hitlers Ende ohne Hitler darzustellen: Er gewährte sei-

^ *Anthony Hopkins in »The Bunker«, 1980. Seine Interpretation wahrt die Balance zwischen Wirklichkeit und Wahnsinn.*

nem »Führer«-Darsteller nur zwei winzige Kurzauftritte. Vielleicht wäre es allerdings besser gewesen, wenn der Regisseur komplett auf den Diktator verzichtet hätte; auch in den beiden Szenen war sein Auftreten nicht besonders wichtig. Im Gegenteil, es wirkte künstlich, beinahe als Alibi. Denn natürlich war der Diktator in »Die letzte Schlacht« auch abseits seiner Kurzauftritte sehr präsent. Häufig wurde über ihn gesprochen: über die »Treue« und den »Schwur« auf den Führer, über Hitlers Entscheidung, in Berlin zu bleiben und zu sterben, über seine Fantasien von »Entsatzarmeen« und über seinen Selbstmord.

Einige Szenen von Heinrich Breloers ARD-Dreiteiler »Speer und Er«, einer großen Demontage des Mythos um den »guten Nazi« Albert Speer, spielten ebenfalls im Bunker der Reichskanzlei, übrigens in derselben Kulisse, in der auch »Der Untergang« gedreht worden war. Zwar standen hier nicht Hitlers letzte Tage im Mittelpunkt, aber als Endpunkt der Beziehung zwischen Diktator und Architekt nahmen sie naturgemäß eine dramaturgisch wichtige Stelle ein. Überraschend überzeugend gelang dem österreichischen Schauspieler Tobias Moretti die Darstellung Hitlers; er reichte beinahe an Bruno Ganz heran.

Als Fiasko hingegen erwies sich der Versuch des Schweizer Regisseurs Dani Levy, im Anschluss an Charlie Chaplins grandiosen Film »The Great Dictator« eine deutsche Hitler-Satire

^ *Sebastian Hülk (li.) und Tom Schilling als deutsche Offiziere im ZDF-Film »Die letzte Schlacht« von 2005*

zu inszenieren. Sogar Hauptdarsteller Helge Schneider distanzierte sich noch vor Kinostart von dem Film »Mein Führer – Die wirklich wahrste Wahrheit über Adolf Hitler«. Auch Kritik und Publikum zeigten sich wenig angetan: Die meisten Rezensionen waren Verrisse, und in den ersten zwei Wochen nach Filmstart kamen gerade einmal eine halbe Million zahlende Zuschauer in die Kinos. Dabei erwies sich gar nicht einmal als Problem, dass Levy eine Hitler-Satire gedreht hatte; sie war einfach nur nicht komisch. »Entscheidend ist allein, ob eine Hitler-Parodie lustig ist oder nicht«, fasste der britische Historiker und NS-Experte Richard Evans seine Kritik an Levys Film zusammen.[224]

Frühestens 2017 wird wohl das nächste ambitionierte Filmprojekt über Adolf Hitler beim Privatsender RTL ausgestrahlt werden. Der Erfolgsproduzent Nico Hofmann will in einer Serie das Leben des Diktators von 1919 bis mindestens 1934 in Szene setzen lassen, vielleicht auch darüber hinaus. Für die geschichtswissenschaftliche Seriosität sorgt ein international besetztes Historikerteam. Für die aufwendige Produktion sehen Hofmann und sein Partner Jan Mojto einen internationalen Markt. Sie könnten, angesichts der Faszination, die das Thema auch 70 Jahre später noch hat, Recht behalten.

^ *Tobias Moretti als Hitler und Sebastian Koch als Albert Speer in Heinrich Breloers Dokudrama »Speer und Er«, 2005*

DAS AREAL IN ZUKUNFT

Ein Jahrzehnt nach der offiziellen Einweihung des Holocaust-Mahnmals in den ehemaligen Ministergärten hat sich wenig verändert in der Umgebung des früheren Führerbunkers. Die provisorische Ladenzeile entlang der Cora-Berliner-Straße vis-à-vis des Stelenfeldes, ursprünglich für zwei oder drei Jahre geplant, steht im Frühjahr 2015 immer noch, soll aber in Kürze abgerissen werden. Dann könnten eventuell auch die Arbeiten für eine Blockrandbebauung der Filetgrundstücke beginnen. Mehrere Investoren und Eigentümer sind bisher schon an den Unwägbarkeiten des Areals, vor allem aber der Berliner Bauverwaltung gescheitert. In jedem Fall werden wohl die zugeschütteten Reste des Führerbunkers unangetastet bleiben: Eine Tiefgarage müsse nicht zwangsläufig unter beiden Blocks entstehen, sagen Insider unter dem Siegel der Vertraulichkeit. Die Situation, die 1988 verfüllten Reste des Hauptbunkers auszugraben und tiefzuentrümmern, möchte man lieber vermeiden.

In der Tat lassen sich die negative Schlagzeilen leicht voraussehen, die wohl weltweit veröffentlicht würden. Entweder mit Vorwürfen, dass dieses Relikt überhaupt wieder geöffnet wird – oder aber mit dem Hinweis, dass Deutschland Reste der Hitler-Zeit »entsorgen« wolle. Zu gewinnen jedenfalls wäre mit einem solchen Vorgehen überhaupt nichts: Die Fläche, die durch eine vollständige Beseitigung der Bunkerreste für den Neubau zu gewinnen wäre, würde die Risiken keinesfalls aufwiegen. Da gegen könnte man hier auch einfach einen Eingang in weiterhin begrünte Innenhöfe anlegen, verbunden mit

einem neuen Platz für die Informationstafel des Vereins Berliner Unterwelten über den Bunker.

Denn es gehört nicht viel Prognosekraft dazu, dass der Ort von Hitlers Selbstmord auch künftig ein Anziehungspunkt für Touristen aus aller Welt, vor allem aber aus englischsprachigen Ländern sein wird. Daran ist nichts Schlechtes, vor allem nicht, wenn der authentische Platz im Zusammenhang mit dem Holocaust-Mahnmal wahrgenommen wird.

Vergangenheit kann man wohl zu verdrängen versuchen, doch sie wird immer wieder zurückkehren, solange man sich nicht seriös damit auseinandersetzt. Seit der Wiedervereinigung bemüht sich Berlin, dieser einfachen Erkenntnis gerecht zu werden. Der Erfolg gerade der letzten zurückliegenden Jahre bestätigt diese Entscheidung. Unter den zehn meistbesuchten Museen der Stadt rangieren sieben Geschichtsausstellungen. Fast gleichauf liegen dabei die Gedenkstätten und Informationsorte zur DDR-Geschichte und zur Berliner Mauer mit etwa 2,5 Millionen Besuchern im Jahr 2014 und zur NS-Geschichte mit knapp 2,4 Millionen Interessierten. Hinzurechnen müsste man noch anteilig jene Touristen, die entsprechende Teile der allgemeinen Ausstellung im Deutschen Historischen Museum besuchen.

^ *Der Ort des Führerbunkers heute hinter dem DDR-Bau Wilhelmstraße 92. Eingezeichnet die Lage von Vor- und Hauptbunker*

^ *Das Holocaust-Mahnmal und die US-Botschaft. Von hier aus sind nur wenige hundert Meter zum Ort des Führerbunkers.*

Verglichen mit solchen Werten ist die höchstens fünfstellige Zahl von Besuchern des authentischen Ortes Führerbunker im Jahr wohl zu vernachlässigen. Man braucht hier nicht unbedingt ein eigenes Museum. Allerdings wäre eine breitere, seriöse Information über die Geschichte des Areals wohl sinnvoll. Denn was die Informationstafel der Berliner Unterwelten für den Führerbunker geleistet hat, fehlt für den hier einst errichteten und schon nach gerade einmal zehn Jahren wieder verschwundenen Komplex der größenwahnsinnigen Neuen Reichskanzlei noch: eine seriöse Information, die keinen Raum für Gerüchte und Legenden lässt. Genügend Platz

^ *Das Holocaust-Mahnmal und die künftige Blockbebauung des Projekts »Wohnen in den Ministergärten« (Simulation). Der Neubau rechts oben wird die Blickachse vom Mahnmal zum historischen Ort des Führerbunkers versperren.*

dürfte in den Erdgeschossräumen der künftigen Bebauung sein – und besser als ein weiterer Souvenirshop an dieser Adresse wäre ein solcher kleiner, idealerweise privat betriebener Informationsort allemal.

ANHANG

Bildnachweis

Archiv Sven Felix Kellerhoff: S. 112, 113; Archiv Verlag: S. 40, 137; ARD: S. 147; Berliner Unterwelten e.V.: S. 122, 123; Norman Bösch: S. 150; BStU/Repro Achim Schulz: S. 125, 126, 127; CGI Christoph Neubauer: S. 34, 35, 82/83, 95, 167 (2); Constantin: S. 134, 140; Wieland Giebel: S. 149; U. Giersch: S. 164, 165, 166; Kathrin Hirthammer: S. 54, 71, 79, 81, 93, 102/103; Historiale e.V.: Titelbild (Modell M = 1:25 des Führerbunkers © Monika Bauert); Hovden: S. 118 (2); Imperial War Museum: S. 111; Frank Lehmann: Autorenfoto; Karl-Heinz Meurer (unter der Lizenz CC-BY-SA 3.0 | https://creativecommons.org/licenses/by-sa/3.0/de/): S. 7; NARA: S. 12, 32, 68, 73, 78, 108, 109, 110, 141; picture alliance/akg-images: S. 56, 57, 65, 96; picture alliance/AP: S. 23, 25, 33, S. 59 (auch Backcover); picture-alliance/dpa: S. 61, 136, 145; picture alliance/Everett Collection: S. 37; picture-alliance/ZB: S. 146; pwe Kinoarchiv: S. 143; ullstein bild/dpa: S. 117; Wikimedia commons/Bundesarchiv | CC-BY-SA: - Bild 183-R14128A, o. Ang., S. 14l., - Bild 146-1982-044-11, o. Ang., S. 14r., - B 145 Bild-F051673-0059, o. Ang., S. 15, - Bild 146-1978-086-03, o. Ang., S. 21, - Bild 183-J31346, o. Ang., S. 27, - Bild 146-1971-033-33, o. Ang., S. 36, - Bild 146-1979-026-22, Heinrich Hoffmann, S. 41, - Bild 183-J31399, o. Ang., S. 45, - Bild 183-J31305, o. Ang., S. 47, - Bild 183-1989-1120-502, Mitschke, S. 49; Wikimedia commons (public domain): S. 28, 43, 51, 62; Wohnungsbaugesellschaft Mitte Berlin: S. 151

QUELLEN- UND LITERATURVERZEICHNIS

Alle für den Text herangezogenen Bücher werden in den Anmerkungen mit eindeutigen Kurztiteln zitiert; Archivalien mit der vollständigen Signatur; Zeitungs- und Zeitschriftenartikel mit Datum oder Nummer der entsprechenden Ausgaben.

1. ARCHIVALIEN

Bundesarchiv Berlin

Bestand R 2:
27452.
Bestand R 43 I:
1531; 1533; 1583.
Bestand R 43 II:
1036a; 1040; 1040a; 1042; 1042a; 1042b; 1043; 1044; 1060c; 1297; 1300a; 4272a

Landesarchiv Berlin

Sammlung Karten:
A 5768

Archiv des Bundesbeauftragten für die Stasi-Unterlagen (BStU) Berlin

Bestand MfS HA IX/11 UTA:
1; 2/1; 3; 5; 6/2; 7; 9; 12; 26; 31; 32.

Sammlung Erhard Schreier Berlin
Fotos und Zeichnungen über den Abriss des Führerbunkers 1988 (ca. 800 Schwarzweiß- und 300 Farbaufnahmen, ca. 700 Handzeichnungen, Messprotokolle) sowie Zeitungsausschnitte und weitere Materialien zum Führerbunker 1988 – 2003.

2. ZEITUNGEN UND ZEITSCHRIFTEN

Berliner Morgenpost
Berliner Zeitung
B.Z.
Frankfurter Allgemeine Zeitung (FAZ)
Neue Zürcher Zeitung (NZZ)
Der Spiegel
Süddeutsche Zeitung (SZ)
Super!
Der Tagesspiegel
Die Welt

3. GEDRUCKTE QUELLEN

Altner, Helmut/Le Tissier, Tony: *Totentanz Berlin*. Neuausgabe Berlin 2009 (zuerst 1948).

Below, Nicolaus von: *Als Hitlers Adjutant 1937–1945*. Mainz 1980.

Besymenski, Lew (Hrsg.): *Die letzten Notizen von Martin Bormann. Ein Dokument und sein Verfasser*. Stuttgart 1974.

Boelcke, Willi A. (Hrsg.): *Deutschlands Rüstung im Zweiten Weltkrieg. Hitlers Konferenzen mit Albert Speer 1942–1945*. Frankfurt/M. 1969.

Boldt, Gerhard: *Hitler – Die letzten zehn Tage*. Frankfurt/M.–Berlin 1973.

Böthig Peter/Walther, Peter (Hrsg.): *Die Russen sind da. Kriegsalltag und Neubeginn 1945 in Tagebüchern aus Brandenburg*. Berlin 2011.

Cadogan, Sir Alexander: *The Diaries of Sir Alexander Cadogan 1938–1945*. Hrsg. von David Dilks. London 1971.

Churchill, Winston S.: *Der Zweite Weltkrieg*. 6 Bde. Bern 1948-1953.

Domarus, Max (Hrsg.): *Hitler. Reden und Proklamationen 1932–1945*. 4 Bde. 4. Aufl. Leonberg 1988 (zuerst 1962).

Dreetz, Dieter: *Kriegsende. Erlebnisse von Schülern der Körner- und späteren Hegelschule vom Januar bis Mai 1945*. o. O. [Berlin] o. J. [2006].

Findahl, Theo: *Letzter Akt – Berlin 1939–1945*. Deutsch von Thyra Dohrenburg. Hamburg 1946.

Freytag von Loringhoven, Bernd/d'Alançon, François: *Mit Hitler im Bunker. Die letzten Monate im Führerhauptquartier Juli 1944 bis April 1945*. Aus dem Französischen von Michael Erbe. Berlin 2006.

Giebel, Wieland (Hrsg.): *Bomben auf Berlin. Zeitzeugen berichten vom Luftkrieg*. Berlin 2012.

Goebbels, Joseph: *Die Tagebücher von Joseph Goebbels. Teil II: Diktate 1941–1945*. 15 Bde. Hrsg. von Elke Fröhlich. München 1993–1996.

Hitler, Adolf: *Mein Kampf. Zwei Bände in einem Band*. 479.–483. Auflage München 1939 (zuerst 1925/26, gemeinsam 1930).

Junge, Traudl: *Bis zur letzten Stunde. Hitlers Sekretärin erzählt ihr Leben*. Unter Mitarbeit von Melissa Müller. München 2002.

Kempka, Erich: *Ich habe Adolf Hitler verbrannt*. München o. J. [1950].

Ders.: *Die letzten Tage mit Adolf Hitler*. Erweitert von Erich Kern. 2. Aufl. Preußisch Oldendorf 1976 (zuerst 1975)

Kempowski, Walter (Hrsg.): *Das Echolot. Fuga furiosa. Ein kollektives Tagebuch. Winter 1945*. 4 Bde. München 1999.

Lehmann, Armin D.: *Der letzte Befehl. Als Hitlers Botenjunge im Führerbunker*. Aus dem Amerikanischen von Bernd Rullkötter. Bergisch-Gladbach 2003.

Maizière, Ulrich de: *In der Pflicht. Lebensbericht eines deutschen Soldaten im 20. Jahrhundert*. Herford – Bonn 1989.

Misch, Rochus/Zarrinbal, Sandra/Nachtigall, Burkhard: *Der letzte Zeuge. »Ich war Hitlers Telefonist, Kurier und Leibwächter«*. München – Zürich 2008.

Moran, Lord [Sir Charles Wilson]: *Winston Churchill. The Struggle for Survival 1940–1945. Taken From the Diaries of Lord Moran*. London 1966.

Mühlen, Bengt von zur (Hrsg): *Der Todeskampf der Reichshauptstadt*. Berlin – Kleinmachnow 1994.

Der Prozeß gegen die Hauptkriegsverbrecher vor dem Internationalen Militärgerichtshof Nürnberg 14. November 1945 bis 1. Oktober 1946. 23 Bde. Nürnberg 1948.

Schlie, Ulrich (Hrsg.): *Albert Speer. Die Kransberg-Protokolle 1945. Seine ersten Aussagen und Aufzeichnungen (Juni–September)*. München 2003.

Schroeder, Christa: *Er war mein Chef. Aus dem Nachlaß der Sekretärin von Adolf Hitler*. Hrsg. Von Anton Joachimsthaler. 3. Aufl. München – Wien 1999 (zuerst 1985)

Speer, Albert: *Erinnerungen*. Berlin 1969.

Ders.: *Spandauer Tagebücher*. Berlin 1975.

Studnitz, Hans-Georg von: *Als Berlin brannte. Diarium der Jahre 1943–1945*. Stuttgart 1963.

Trevor-Roper, Hugh R. (Hrsg.): *The Bormann Letters. The Private Correspondence Between Martin Bormann and His Wife From Januar 1943 to April 1945*. London 1954.

Tausk, Walter: *Breslauer Tagebuch 1933–1940*. Neuausgabe Berlin 1988 (zuerst 1975).

Die Wehrmachtsberichte 1939–1945. 3 Bde. Neuausgabe München 1989 (zuerst 1982).

4. Literatur

Angerer, Henning: *Flakbunker. Betonierte Geschichte*. Hamburg 2000.

Arnold, Dietmar: *Der Potsdamer Platz von unten. Eine Zeitreise durch dunkle Welten*. Berlin 2001.

Ders.: *Berlin im Untergrund. Eine interaktive Zeitreise unter den Potsdamer Platz (CD-ROM)*. Berlin 2001.

Ders./Arnold, Ingmar/Salm, Frieder: *Dunkle Welten. Bunker, Tunnel und Gewölbe unter Berlin*. 6. Aufl. Berlin 2002 (zuerst 1997).

Bahnsen, Uwe/O'Donnell, James P.: *Die Katakombe. Das Ende in der Reichskanzlei*. Stuttgart 1975.

Bedürftig, Friedemann: *Als Hitler die Atombombe baute. Lügen und Irrtümer über das Dritte Reich*. München 2003.

Benz, Wolfgang (Hrsg.): *Legenden, Lügen, Vorurteile. Ein Wörterbuch zur Zeitgeschichte*. 2. Aufl. München 1992 (zuerst 1987).

Ders./Graml, Hermann/Weiß, Hermann (Hrsg.): *Enzyklopädie des Nationalsozialismus*. Stuttgart 1997.

Berthold, Will: *Die 42 Attentate auf Hitler*. Wien 1997.

Besymenski, Lew: *Der Tod des Adolf Hitler. Unbekannte Dokumente aus Moskauer Archiven*. Hamburg 1968 (mehrere stark überarbeitete Neuversionen unter wechselnden Titeln).

Bihl, Hansdieter: *Der Tod Adolf Hitlers. Fakten und Überlebenslegenden*. Wien – Köln – Weimar 2000.

Bullock, Alan: *Hitler. Eine Studie über Tyrannei*. Neuausgabe Düsseldorf 1967 (zuerst 1953).

Chazette, Alain/Destouches, Alain/Paich, Bernard: *Album Mémorial Atlantikwall – Le Mur de l'Atlantique en France 1940–1944*. o.O. 1995.

Chaussy, Ulrich/Püschner, Christoph: *Nachbar Hitler. Führerkult und Heimatzerstörung am Obersalzberg*. 3. Aufl. Berlin 2001 (zuerst 1995).

Cullen, Michael S.: *Wo liegt Hitler? Öffentliches Erinnern und kollektives Vergessen als Stolperstein der Kultur*. Berlin 1999.

»Dann färbte sich der Himmel blutrot ...«: Die Zerstörung Magdeburgs am 16. Januar 1945. Magdeburg 1995.

Demps, Laurenz: *Die Luftangriffe auf Berlin. Ein dokumentarischer Bericht*. In: Jahrbuch des Märkischen Museums 4 (1978), S. 27 – 68.

Ders.: *Die Luftangriffe auf Berlin. Ein dokumentarischer Bericht Teil II*. In: Jahrbuch des Märkischen Museums 7 (1982), S. 7–44.

Ders.: *Die Wilhelmstraße in der DDR*. In: Engel, Helmut/Ribbe, Wolfgang (Hrsg.): Geschichtsmeile Wilhelmstraße. Berlin 1997, S. 41–83.

Ders.: *Berlin-Wilhelmstraße. Eine Topographie preußisch-deutscher Macht*. 3. Aufl. Berlin 2000 (zuerst 1994).

Fest, Joachim: *Hitler. Eine Biographie*. Berlin – Frankfurt/M. 1973.

Ders.: *Speer. Eine Biographie*. Berlin 1999.

Ders.: *Der Führerbunker*. In: François, Etienne/Schulze, Hagen (Hrsg.): Deutsche Erinnerungsorte. Bd. 1, München 2001, S. 122–137.

Ders.: *Der Untergang. Hitler und das Ende des Dritten Reiches*. Berlin 2002.

Ders./Hoffmann, Heinrich/Lang, Jochen von: *Hitler. Gesichter eines Diktators. Eine Bilddokumentation*. Neuausgabe München 1975 (zuerst 1968).

Groehler, Olaf: *Bombenkrieg gegen Deutschland*. Berlin 1990.

Ders.: *Die Neue Reichskanzlei. Das Ende*. Berlin 1995.

Gültner, Rolf: *1945 – Hitlers Ende*. In: Knopp, Guido (Hrsg.): History. Geheimnisse des 20. Jahrhunderts. München 2002. S. 191–201.

Guido, Pietro: Führerbunker. *Discovered ist Mysteries. How it was, where it was. How it is now, where it is now. What to do (unaerth it?)*. 3. Aufl. Mailand 2005 (Selbstverlag).

Jesch, Falk: *Die Wilhelmstraße im Nutzungswandel. Vom Machtzentrum zum sozialen Wohnungsbau*. In: Engel, Helmut/Ribbe, Wolfgang (Hrsg.): Geschichtsmeile Wilhelmstraße. Berlin 1997, S. 261–268.

Joachimsthaler, Anton: *Hitlers Ende. Legenden und Dokumente*. Neuausgabe Augsburg 1998 (zuerst 1995).

Ders.: *Hitlers Liste. Ein Dokument persönlicher Beziehungen*. München 2003.

Jurk, Klaus-Dieter: *Die Neue Reichskanzlei. Die Bunker*. Berlin 1998 (Selbstverlag).

Kellerhoff, Sven Felix: *Hitlers Berlin. Geschichte einer Hassliebe*. Berlin 2005.

Ders.: *Berlin unterm Hakenkreuz*. Berlin 2006.

Ders.: *Ortstermin Mitte. Auf Spurensuche in Berlins Innenstadt*. Berlin 2. Aufl. 2008 (zuerst 2006)

Ders.: *Berlin im Krieg. Eine Generation erinnert sich*. Berlin 2011.

Kershaw, Ian: *Hitler*. 2 Bde. München 1998–2000.

Maser, Werner: *Adolf Hitler. Legende, Mythos, Wirklichkeit*. Neuausgabe München 1985 (zuerst 1971).

Musmanno, Michael A.: *In zehn Tagen kommt der Tod. Augenzeugen berichten über das Ende Hitlers. Authentische Darstellung der dramatischen Ereignisse der letzten Wochen im Führerbunker der Reichskanzlei*. München 1950 (o. Übers.).

Neitzel, Sönke: *Die deutschen U-Bootbunker und Bunkerwerften. Bau, Verwendung und Bedeutung verbunkerter U-Bootstützpunkte in beiden Weltkriegen*. Koblenz 1991.

Overy, Richard: *Verhöre. Die NS-Elite in den Händen der Alliierten 1945*. Aus dem Englischen von Hans-Ulrich Seebohm und Udo Rennert. Berlin – München – Frankfurt/Main 2002.

Picker, Henry/Hoffmann, Heinrich/Lang, Jochen von: *Hitlers Tischgespräche im Bild*. München 1980.

Ramsey, Winston G.: *The Reichschancellery and the Berlin Bunker. Then and Now. After the Battle Special Edition Nr. 61*. London 1988.

Remdt, Gerhardt/Wermusch, Günter: *Rätsel Jonastal. Die Geschichte des letzten »Führerhauptquartiers«*. Neuausgabe Zella-Mehlis – Meiningen 1998 (zuerst 1992).

Reuth, Ralf Georg: *Goebbels*. München 1990.

Rhode, Pierre/Sünkel, Werner: *Wolfsschlucht 2. Autopsie eines Führerhauptquartiers*. 2. Aufl. Leinburg 1995 (Selbstverlag).

Riess, Volker: *Hermann Fegelein. Parvenu ohne Skrupel*. In: Smelser, Ronald/Syring, Enrico (Hrsg.): Die SS. Elite unter dem Totenkopf. Paderborn 2000, S. 160–172.

Rshewskaja, Jelena: *Hitlers Ende ohne Mythos*. Deutsch von Werner Hantke. Berlin [Ost] 1967.

Rürup, Reinhard (Hrsg.): *Berlin 1945. Eine Dokumentation*. 2. Aufl. Berlin 1995 (zuerst 1995).

Ryan, Cornelius: *Der letzte Kampf*. Aus dem Englischen von Helmut Degner. München – Zürich 1966.

Schenck, Ernst Günter: *Patient Hitler. Eine medizinische Biographie*. Düsseldorf 1989.

Ders.: *Das Notlazarett unter der Reichskanzlei*. Neuausgabe Neuried 1995.

Ders.: *Sterben ohne Würde. Das Ende von Benito Mussolini, Heinrich Himmler und Adolf Hitler*. Neuried 1995.

Schmal, Helga/Selke, Thomas: *Bunker. Luftschutz und Luftschutzbau in Hamburg*. Hamburg 2001.

Schoen, Annalie: *Planungen seit dem Mauerfall im Parlaments- und Regierungsviertel um die Wilhelmstraße*. In: Engel, Helmut/Ribbe, Wolfgang (Hrsg.): Geschichtsmeile Wilhelmstraße. Berlin 1997, S. 269–281.

Schönberger, Angela: *Die Neue Reichskanzlei von Albert Speer. Zum Zusammenhang von nationalsozialistischer Ideologie und Architektur*. Berlin 1981.

Shepardson, Donald E.: *The Fall of Berlin and the Rise of a Myth*. In: The Journal of Military History 62 (1998), S. 135–153.

Seidler, Franz W./Zeigert, Dieter: *Die Führerhauptquartiere. Anlagen und Planungen im Zweiten Weltkrieg*. München 2000.

Sereny, Gitta: *Albert Speer und das deutsche Trauma. Das Ringen mit der Wahrheit*. Aus dem Englischen von Helmut Dierlamm, Klaus Fritz und Norbert Juraschitz. München 1995.

Shepardson, Donald E.: *The Fall of Berlin and the Rise of a Myth*. In: The Journal of Military History 62 (1998), S. 135–153.

Snyder, Louis L.: *Encyclopedia of the Third Reich*. New York 1976.

Toland, John: *Adolf Hitler. Bd. 2: 1938–1945: Krieg und Untergang, Feldherr und Dikatator*. Aus dem Englischen von Uwe Bahnsen. 6. Aufl. Bergisch Galdbach 1996 (zuerst 1976).

Trevor-Roper, Hugh: *Hitlers letzte Tage*. Deutsch von Joseph Kalmer. Zürich 1948.

Vat, Dan van der: *Der gute Nazi. Leben und Lügen des Albert Speer*. Aus dem Englischen von Kurt Baudisch und Frank Jankowski. Berlin – Leipzig 1996.

Völklein, Ulrich (Hrsg.): *Hitlers Tod. Die letzten Tage im Führerbunker*. Göttingen 1998

Wagener, Otto: *Hitler aus nächster Nähe. Aufzeichnungen eines Vertrauten 1929–1932*. Hrsg. v. Henry A. Turner. 2. Aufl. Kiel 1987 (zuerst 1978).

Weihsmann, Helmut: *Bauen unterm Hakenkreuz. Architektur des Untergangs*. Wien 1998.

Wilderotter, Hans: *Alltag der Macht. Berlin Wilhelmstraße*. Berlin 1998.

Wildt, Michael: *Berlin im Nationalsozialismus. Neue Forschungsperspektiven*. Berlin 2010.

Zimmermann, R. Heinz: *Der Atlantikwall. Von Dünkirchen bis Cherbourg. Geschichte und Gegenwart mit Reisebeschreibung*. München 1982 (Selbstverlag).

ANMERKUNGEN

Das Drama

1 Kempka: Ich habe, S. 67.

2 Besymenski (Hrsg.): Die letzten Notizen, S. 64

3 Vgl. Kershaw: Hitler, Bd. I, S. 132.

4 Goebbels: Tagebücher II, Bd. 4, S. 410 (30.5.1942).

5 Junge: Bis zur letzten Stunde, S. 47.

6 Goebbels: Tagebücher II, Bd. 4, S. 494 (10.6.1942).

7 Junge: Bis zur letzten Stunde, S. 171f.

8 Barbara Graff: Brief o. D. [November 2002] (Sammlung Kellerhoff).

9 Kurt Wafner: Tagebuch v. 18.1.1945 (Kopie in der Sammlung Kellerhoff).

10 Wette / Bremer / Vogel (Hrsg.): Das letzte halbe Jahr, S. 164.

11 Goebbels: Tagebücher II, Bd. 15, S. 200 (23.1.1945)

12 Goebbels: Tagebücher II, Bd. 15, S. 149 (18.1.1945)

13 Junge: Bis zur letzten Stunde, S. 174; vgl. Below: Hitlers Adjutant, S. 400 u. Toland: Hitler, S. 1045.

14 Goebbels: Tagebücher II, Bd. 15, S. 150 (18.1.1945)

15 Goebbels: Tagebücher II, Bd. 15, S. 166 (20.1.1945)

16 Goebbels: Tagebücher II, Bd. 15, S. 192 (23.1.1945)

17 Webster / Frankland: The Strategic Air Offensive, Bd. 4, S. 52.

18 Groehler: Bombenkrieg gegen Deutschland, S. 385.

19 Eva Reichel: Brief v. 3.12.2002 (Sammlung Kellerhoff).

20 Otto Leonhardt: Brief o.D. [November 2002] (Sammlung Kellerhoff).

21 Studnitz: Als Berlin brannte, S. 244.

22 Alfred Wolfermann (in Vertretung): Berichte über die Luftangriffe auf die Reichshauptstadt Berlin. 240. Folge, LAB Rep. A 001-02, Nr. 703, Bl. 15-18.

23 Kardorff: Berliner Aufzeichnungen, S. 287.

24 Wette / Bremer / Vogel (Hrsg.): Das letzte halbe Jahr, S. 235-242.

25 Besymenski, Bormann-Notizen, S. 106.

26 Schroeder: Er war mein Chef, S. 199.

27 Goebbels: Tagebücher II, Bd. 15, S. 307 (5.2.1945)

28 Trevor-Roper: Bormann-Letters, S. 175; vgl. Lang, Bormann, S. 316f.

29 Trevor-Roper: Bormann-Letters, S. 195.

30 Schroeder: Er war mein Chef, S. 199.

31 Musmanno-Papers, zit. n. Joachimsthaler: Hitlers Ende, S. 118.

32 Boldt: Die letzten zehn Tage, S. 80–82.

33 Junge: Bis zur letzten Stunde, S. 175.

34 Speer: Erinnerungen, S. 431.

35 Vgl. Toland: Hitler, S. 1048.

36 Speer: Erinnerungen, S. 315.

37 Vgl. Besymenski: Bormann-Notizen, S.148.

38 Goebbels: Tagebücher II, Bd. 15, S. 296 (1.2.1945).

39 Trevor-Roper: Bormann-Letters, S. 183.

40 Vgl. Welt v. 16.4.2003.

41 Vgl. Joachimsthaler: Hitlers Ende, S. 442–467 u. ders., Hitlers Liste, S. 474–484.

42 Speer: Erinnerungen, S. 487.

43 Hitler: Mein Kampf, S. 104.

44 Fest: Speer, S. 153.

45 Speer: Erinnerungen, S. 436f.

46 Prozess gegen die Hauptkriegsverbrecher, Bd. 16, S. 543f.

47 Vgl. Overy: Verhör, S. 472–479.
48 Prozess gegen die Hauptkriegsverbrecher, Bd. 16, S. 544.
49 Vgl. Schlie: Speer, S. 82–134.
50 Fest: Speer, S. 398.
51 Vgl. Prozeß gegen die Hauptkriegsverbrecher, Bd. 4, S. 380.
52 Vgl. Sereny: Speer, S. 529–614, bes. S. 580f.; van der Vat, Nazi, S. 332–350.
53 Hedwig Schob: Tagebuch v. 28.3.1945 (http://www.zeitstimmen.de/index.php?page=detail&id=147813652&bw=).
54 Zit. n. Benz (Hrsg.): Die Juden in Deutschland, S. 696.
55 Wette / Bremer / Vogel (Hrsg.): Das letzte halbe Jahr, S. 310.
56 Studnitz: Als Berlin brannte, S. 266f.
57 Zit. n. Rürup (Hrsg.): Berlin 1945, S. 49.
58 Dreetz (Hrsg.): Kriegsende, S. 91.
59 Hammer / zur Nieden (Hrsg.): Sehr selten habe ich geweint, S. 308.
60 Kurt Wafner: Tagebuch v. 14.4.1945 (Kopie in der Sammlung Kellerhoff).
61 Zit. n. http://www.zeitstimmen.de/index.php?page=detail&id=1315057694&bw=
62 Domarus: Hitler, S. 2219.
63 Vgl. Reuth: Goebbels, S. 592f.
64 Toland: Hitler, S, 1067 u. Goebbels: Tagebücher II, Bd. 15, S. 638f. (30.3.1945).
65 Below: Als Hitlers Adjutant, S. 408.
66 Bezymenski, Bormann-Notizen, S. 179f.
67 Lang: Bormann, S. 326.
68 Schlie: Speer, S. 109.
69 Speer: Erinnerungen, S. 467.
70 Joachimstahler: Hitlers Ende, S. 133.
71 Toland: Hitler, S. 1068.
72 Domarus: Hitler, Bd. 4, S. 2224.
73 Vgl. Toland: Hitler, S. 1069.
74 Die Wehrmachtsberichte, Bd. 3, S. 540f.
75 Böthig / Walther (Hrsg.): Die Russen sind da, S. 69
76 Bezymenski: Bormann-Notizen, S, 188; vgl. Lang: Bormann, S. 326.
77 Berliner Morgenpost v. 20.4.1945.
78 Hammer / zur Nieden (Hrsg.): Sehr selten habe ich geweint, S. 447 u. S. 310.
79 Kardorff: Berliner Aufzeichnungen, S. 309.
80 Junge: Bis zur letzten Stunde, S. 176.
81 Schroeder: Er war mein Chef, S. 200.
82 Junge: Bis zur letzten Stunde, S. 176–178.
83 Norberta Oblöser: Tagebuch v. 21.4.1945 (Auszüge in der Sammlung Kellerhoff).
84 Findahl: Letzter Akt Berlin, S. 146.
85 Alenfeld: Warum seid Ihr nicht ausgewandert?, S. 415.
86 Zit. n. Joachimsthaler: Hitlers Ende, S. 154.
87 Below: Als Hitlers Adjutant, S. 411.
88 Besymenski (Hrsg.): Bormann-Notizen, S. 188.
89 Below: Hitlers Adjutant, S. 411.
90 Vgl. NZZ v. 30.4.1945 (Morgenausgabe).
91 Vgl. NZZ v. 29.4. (Abendausgabe) u. 30.4.1945 (Morgen- und Mittagsausgabe).
92 Junge: Bis zur letzten Stunde, S. 195 (irrtümlich unter dem Datum 26. April 1945).
93 Junge: Bis zur letzten Stunde, S. 202.
94 Zit. n. dem Faksimile in Joachimsthaler, Hitlers Ende, S. 190–192.
95 Schroeder: Er war mein Chef, S. 167.
96 Zit. n. Joachimsthaler: Hitlers Liste, S. 483.
97 Vgl. Joachimsthaler: Hitlers Ende, S. 210.
98 Vgl. Völklein: Hitlers Tod, S. 36.
99 Vgl. Junge: Bis zur letzten Stunde, S. 206f.
100 Hauptkriegsverbrecherprozess, Bd. 17, S. 495.
101 Zit. n. Beevor: Berlin 1945, S. 392f.
102 Friedrich: Zeitfunken, S. 256.
103 Wehrmachtsberichte, Bd. 3, S. 563.
104 Vgl. Bahnsen/O'Donnell: Katakombe, S. 253–273.
105 Vgl. Lang: Der Sekretär, S. 339–350.
106 Zit. n. Kellerhoff: Berlin unterm Hakenkreuz, S. 71.

Die Bühne

107 Vgl. Beierl: Hitlers Berg, S. 39-253.
108 Vgl. Hechelhammer / Meinl: Geheimobjekt Pullach, S. 18-48.
109 Vgl. Seidler / Ziegert: Die Führerhauptquartiere, S. 299-317.
110 Zit. n. Faksimile in: »Dann färbte sich der Himmel blutrot...« Die Zerstörung Magdeburgs am 16. Januar 1945. Magdeburg 1995, S. 39
111 Tausk: Breslauer Tagebuch, S. 79f.
112 Vgl. Reichsgesetzblatt 1933 I, S. 659.
113 Zit. n. Schmitz-Berning: Vokabular, S. 542.
114 Deutschland-Berichte der Sopade, Bd.1 (1934), S. 778. Vgl. ebd., S. 330–333; Bd. 3 (1936); S. 678–681, Bd. 4 (1937), S. 1369–1374.
115 Vgl. Reichsgesetzblatt 1935 I, S. 827–829 u. Reichsgesetzblatt 1937 I, S. 559–574, bes. S. 566.

116 Vgl. Demps/Schultz/Wettig: Bundesfinanzministerium, S. 38.
117 Zit. n. Schönberger: Neue Reichskanzlei, S. 22.
118 Speer: Erinnerungen, S. 47.
119 Vgl. Heuser: Das braune haus, S. 139-143 u. Köpf: Der Königsplatz, S. 79-131
120 Vgl. Lauterbach u.a.: Bürokratie und Kult, S. 120.
121 BA R 43 I / 1533 mit zahlreichen Einzelplänen und Korrespondenz. Vgl. Schönberger: Neue Reichskanzlei, S. 30–34.
122 Das folgende nach den Bauplänen und korrigiert nach den Messungen des Ministeriums für Staatssicherheit sowie von Erhard Schreier, Berlin; vgl. BA R 43 I 1533 sowie BStU MfS HA IX/11 UTA 1 Bl. 84, UTA 5, Bl. 60 u. UTA 6/2 Bl. 3. Vgl. Joachimsthaler: Hitlers Ende, S. 62.
123 In den ursprünglichen Plänen sind diese massiven Türpfosten nicht vorgesehen; möglicherweise handelt es sich um spätere Verstärkungen.
124 Auf den Plänen ist eine Tiefe von 5,18 Meter eingetragen. Die Untersuchungen des Ministeriums für Staatssicherheit kamen jedoch auf sechs Meter, was zu den Messungen von Erhard Schreier passt. Möglicherweise ist während der Bauarbeiten die Baugrube tiefer als geplant ausgehoben worden.
125 Vgl. Demps: Berlin–Wilhelmstraße, S. 235.
126 Vgl. Schönberger: Neue Reichskanzlei, S. 31–34 mit Abbildungen 8 u. 9.
127 BA R 43 I 1583.
128 Vgl. Demps: Berlin–Wilhelmstraße, S. 235.
129 Vgl. Reichsgesetzblatt 1937 I, S. 569.
130 BA R 43 II 1297 Bl. 9f.
131 Vgl. Speer: Erinnerungen, S. 116f.
132 Vgl. Schönberger: Neue Reichskanzlei, S. 40–68.
133 Vgl. BStU MfS HA IX/11 UTA 31, Bl. 5.
134 BStU MfS HA IX/11 UTA 1 Bl. 77.
135 Chicago Daily Tribune v. 25.9.1940.
136 BA R 43 II 1300a Bl. 4.
137 Vgl. Schenck: Notlazarett, S. 11–70.
138 BA R 43 II 1300a Bl. 67.
139 Vgl. BStU MfS HA IX/11 UTA 1, Bl. 84.
140 Falsche Grafiken z. B. in Ryan: Der letzte Kampf, zw. S. 224 u. S. 225; Spiegel 14 /1995; Joachimsthaler: Hitlers Ende, S. 42; Guido: Führerbunker, S. 38. Richtig zuerst wohl die Untersuchung des MfS; vgl. LAB Sammlung Karten A 5768 (1974) und danach Jurk: Neue Reichskanzlei, S. 3 sowie Landesdenkmalamt Berlin und danach Arnold: Potsdamer Platz von unten, S. 47.

141 Vgl. Joachimsthaler: Hitlers Ende, S. 61.
142 Vgl. BStU MfS HA IX/11 UTA 2/1, Bl. 23 u. Bl. 27 (Nr. 36); LAB Sammlung Karten A 5768 (1974); Arnold/Arnold/Salm: Dunkle Welten, S. 145.
143 New York Times v. 14.11.1940; vgl. Berliner Morgenpost v. 14.11.1940
144 Shirer: Berlin Diary, S. 451.
145 ADAP Serie D, Bd. 11,1, S. 478.
146 Churchill: Der Zweite Weltkrieg, Bd. 2, S. 318.
147 Goebbels: Tagebücher II, Bd. 15, S. 305 (2.2.1945)
148 Vgl. BStU MfS HA IX/11 UTA 2/1, Bl. 23–28.
149 Vgl. BStU MfS HA IX/11 UTA 2/1, Bl. 23–28. Vgl. die Ermittlungskartei ebd., UTA 26.
150 Vgl. Demps: Luftangriffe (I), S. 53.
151 Boelcke: Deutschlands Rüstung, S. 225; vgl. S. 54 u. S. 229f.
152 BA R 43 II 4272a unfoliiert.
153 Vgl. Brief Lisa Zindler-Roggow u. Birgit Siekmann (Hochtief AG Essen) an Pietro Guido, o. D. [Juli/August 2001], Faksimile in: Guido: Führerbunker, S. 94.
154 BA R 2 27452 Bl. 75.
155 Alle im folgenden genannten Maße stammen, soweit sie nicht anderen Quellen zugewiesen werden, den Unterlagen des MfS, bes. BStU MfS HA IX/11 UTA 1, Bl. 84 u. 86; UTA 6/2, Bl. 3 (Plan) und wurden abgeglichen mit den Messungen von Erhard Schreier.
156 Nach Angaben des MfS handelte es sich um zehn oder sogar zwölf Stufen; Erhard Schreier erinnert sich an neun Stufen, worauf auch Fotos der Treppe deuten.
157 Vgl. z. B. Trevor-Roper,: Hitlers letzte Tage, S. 105; Ryan; Der letzte Kampf, zw. S. 224 u. 225; Bahnsen/O'Donnell: Katakombe, Vorsatz; Demps: Berlin–Wilhelmstraße, S. 236; Jurk: Neue Reichskanzlei, S. 9; Spiegel 14/1995, S. Joachimsthaler: Hitlers Ende, S. 66 u. 68f. Guido: Führerbunker, S. 31 Richtig sind nur die Grafiken von ADN Bildarchiv/ullstein bild 00164824 und von Dietmar Arnold/Berliner Unterwelten e.V., in: Arnold: Potsdamer Platz von unten, S. 47. Die oft gezeigte Grafik des Magazins Stern (von Peter Schössow) zeigt einen geraden Treppenabgang (vgl. z. B. Cover von Völklein: Hitlers Tod); die Grafik bei Kuby: Die Russen, S. 91 sowie die Illustration von Hanno Engler (z. B. in Picker/Hoffmann/Lang: Hitlers Tischgespräche im Bild, S. 68f.)

und die danach angefertigte Zeichnung in Fest: Untergang, S. 33 umgehen das Problem, indem sie gar keine Treppe zum Vorbunker zeigen.

158 Freundliche Mitteilung von Erhard Schreier an den Verf. In der MfS-Untersuchung keine Angaben; nach Boelcke,: Deutschlands Rüstung, S. 225 etwa 3,50 bis 4 Meter; nach Joachimsthaler: Hitlers Ende, S. 66 3,60 Meter.

159 Vgl. Neitzel: U-Bootbunker, S. 113 u. S. 199.

160 Maß genommen von Erhard Schreier 1988.

161 Freundliche Mitteilung von Erhard Schreier an den Verf.

162 Vgl. Völklein: Hitlers Tod, S. 163f.

163 Vgl. Neumärker/Conradt/Woywodt,: Wolfsschanze, S. 40 u. S. 131: Ursprünglich zwei Meter starke Decken, die im Frühjahr 1944 mit einer fünf Meter starken Schicht ummantelt wurden. Vgl. Seidler/Zeigert: Führerhauptquartiere, S. 198.

164 Vgl. Rhode/Sünkel: Wolfsschlucht 2, S. 92f.

165 Vgl. Zimmermann: Atlantikwall, S. 61–73.

166 Vgl. Neitzel: U-Bootbunker, S. 214 sowie Chazette/Destouches/Paich: Atlantikwall, S. 359, 376, 426 u. 442; außerdem Boelcke: Deutschlands Rüstung, S. 198, 207f., 217f.

167 Vgl. Angerer: Flaktürme, S. 31 u. passim.

168 Vgl. BA R 43 II 1044 Bl. 96.

169 BA R 43 II 1044 Bl. 93.

170 Vgl. BA 43 II 1060c Bl. 6.

171 BA R 43 II 1044 Bl. 94.

172 BA R 43 II 1044Bal. 96f.

173 Vgl. Arnold: Berlin im Untergrund (CD-ROM).

174 Vgl. Neumärker/Conradt/Woywodt: Wolfsschanze, S. 66.

175 Freundliche Mitteilung von Erhard Schreier an den Verf.

176 Junge: Bis zur letzten Stunde, S. 174f.

177 Schroeder,: Er war mein Chef, S. 198f.

178 Vgl. Bahnsen/O'Donnell: Katakombe, S. 39 u. Joachimsthaler: Hitlers Ende, S. 262.

179 Speer: Erinnerungen, S. 487. Vgl. zum Glücksklee-Emblem Eva Brauns Joachimsthaler: Hitlers Liste, S. 485.

180 Zit. n. Berliner Zeitung v. 13.11.1999.

181 Bahnsen/O'Donnell: Katakombe, S. 376f.

182 Besymenski: Der Tod Adolf Hitlers, S. 53f.

183 Vgl. Deprem-Hennen: Dentist des Teufels, S. 117-123.

184 Zit. n. Ramsey: Reichschancellery, S. 47–49.

185 Zit. n. Ramsey: Reichschancellery, S. 46.

186 Zit. n. Moran: Churchill, S. 270.

187 Cadogan: Diaries, S. 763f.

188 Vgl Groehler: Neue Reichskanzlei, S. 133.

189 Bahnsen/O'Donnell: Katakombe, S. 8f.

190 Vgl. Völklein: Hitlers Tod, S. 174f.

191 Fotos des US Signal Corps, abgedruckt in Ramsey: Reichschancellery, S. 47.

192 Vgl. z. B. Joachimsthaler: Hitlers Ende, S. 95 (1949) u. Demps: Berlin–Wilhelmstraße, S. 279 (Bilder von 1956);.

193 Nachtdepesche v. 10.6.1959 u. Berliner Morgenpost v. 11.6.1959.

194 Foto dieser Sprengung bei Ramsey: Reichschancellery, S. 49

195 Welt v. 8.10.1959.

196 Vgl. BStU MfS IX/11 UTA 12, Bl. 72ff.

197 Vgl. BStU MfS IX/11 UTA 12, Bl. 60–64.

198 BStU MfS IX/11 UTA 1, Bl. 5–7 u. Bl. 27f.

199 Vgl. BStU MfS IX/11 UTA 31, Bl. 2f.

200 BStU MfS IX/11 UTA 1, Bl. 65.

201 BStU MfS IX/11 UTA 1, Bl. 89f.

202 BStU MfS IX/11 UTA 1, Bl.37f.

203 Vgl. BStU MfS IX/11 UTA 6/2.

204 Vgl. BStU MfS IX/11 UTA 6/2, Bl. 3.

205 Vgl. BStU MfS HA IX/11 UTA 2/1, Bl. 23–28. Vgl. die Ermittlungskartei ebd., UTA 26.

206 BStU MfS IX/11 UTA 31, Bl. 5f.

207 Vgl. BStU MfS IX/11 UTA 31, Bl. 7–11.

208 Vgl. Demps, Berlin–Wilhelmstraße, S. 289.

209 Vgl. Demps, Wilhelmstraße, S. 82

210 Vgl. Landesarchiv Berlin, Kartensammlung, A 5768

211 Freundliche Mitteilung von Erhard Schreier. Vgl. FAZ v. 1.9.1988.

212 Freundliche Mitteilung des Landesdenkmalamtes Berlin an den Verf.

213 Zit. n. Groehler, Neue Reichskanzlei, S. 142.

Der Mythos

214 Spiegel 46/1999.

215 Berliner Morgenpost v. 6.12.1999.

216 Vgl. Guido, Führerbunker, S. 204-207.

217 Welt v. 17.9.2004.

218 Spiegel 17/2003.

219 http://www.zeithistorische-forschungen.de/1-2005/id=D4760.

220 Vgl. Lexikon des internationalen Films, Bd. 3, S. 2469.

221 Spiegel 5/1973

222 Frankfurter Rundschau v. 17.1.1973.

223 Welt am Sonntag v. 1.2.1981.

224 Welt v. 16.1.2007.

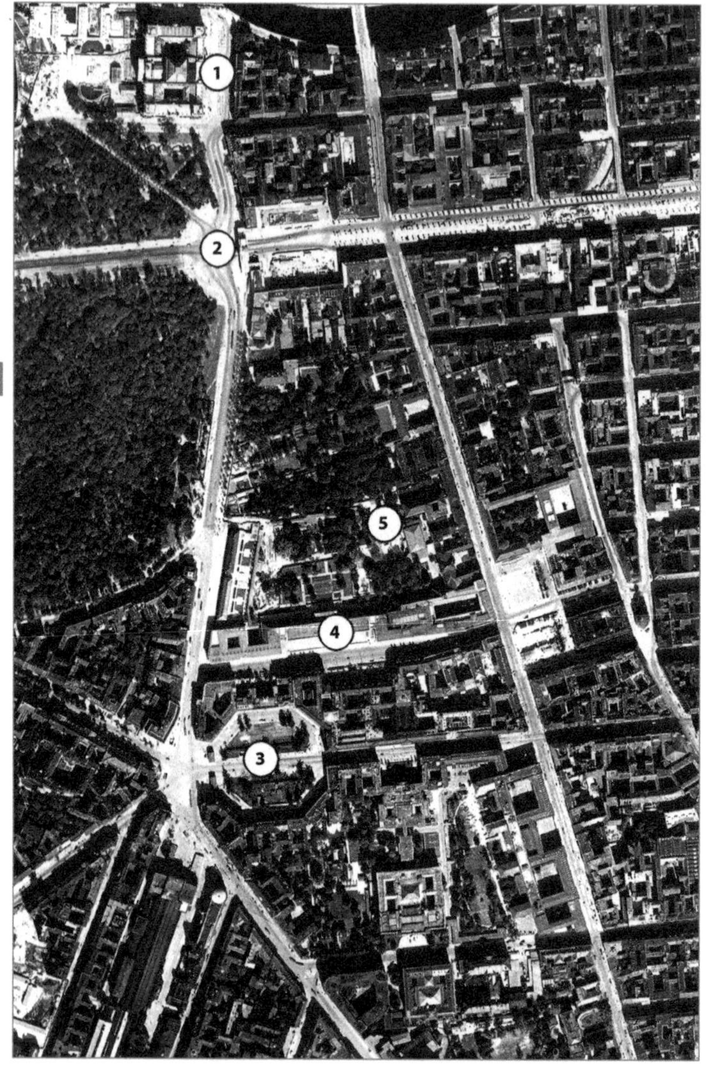

^ *Luftbildplan 1943. Berlin in historischer Stadtstruktur. In der Mitte des Fotos die 1939 vollendete Neue Reichskanzlei in der Voßstraße*

1 Reichstag **2** Brandenburger Tor **3** Leipziger Platz
4 Neue Reichskanzlei **5** Festsaal/Bunker

^ *Luftbildplan 1953. Die Trümmer sind weggeräumt. Der Tiergarten ist weitgehend abgeholzt.*

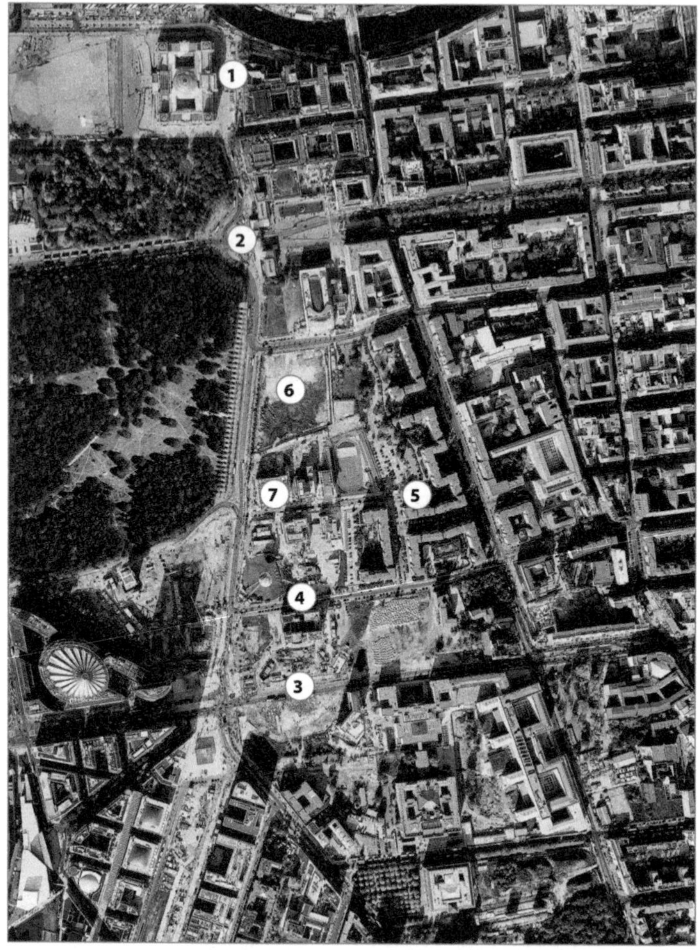

^ *Luftbildplan 2002*

1 Reichstag **2** Brandenburger Tor **3** Leipziger Platz
4 Standort Neue Reichskanzlei **5** Standort Führerbunker
6 Holocaust-Mahnmal **7** Landesvertretungen

Diese Pläne (S. 164-166) sind Ausschnitte aus großformatigen Kartenwerken, herausgegeben von der Edition Panorama Berlin. Die Luftpläne sind gerollt oder gefalzt im Buchandel erhältlich, auch als Mappe mit neun Luftbildplänen, Ansichten und Übersichtskarten von 1237 bis 2010.